DINAMARQUÊS
VOCABULÁRIO

PALAVRAS MAIS ÚTEIS

PORTUGUÊS
DINAMARQUÊS

Para alargar o seu léxico e apurar as suas competências linguísticas

5000 palavras

Vocabulário Português-Dinamarquês - 5000 palavras
Por Andrey Taranov

Os vocabulários da T&P Books destinam-se a ajudar a aprender, a memorizar, e a rever palavras estrangeiras. O dicionário é dividido em temas, cobrindo todas as principais esferas de atividades quotidianas, negócios, ciência, cultura, etc.

O processo de aprendizagem, utilizando os dicionários baseados em temáticas da T&P Books dá-lhe as seguintes vantagens:

- Informação de origem corretamente agrupada predetermina o sucesso em fases subsequentes da memorização de palavras
- Disponibilização de palavras derivadas da mesma raiz, o que permite a memorização de unidades de texto (em vez de palavras separadas)
- Pequenas unidades de palavras facilitam o processo de estabelecimento de vínculos associativos necessários para a consolidação do vocabulário
- O nível de conhecimento da língua pode ser estimado pelo número de palavras aprendidas

Copyright © 2019 T&P Books Publishing

Todos os direitos reservados. Nenhuma parte desta publicação pode ser reproduzida, total ou parcialmente, por quaisquer métodos ou processos, sejam eles eletrónicos, mecânicos, de fotocópia ou outros, sem a autorização escrita do editor. Esta publicação não pode ser divulgada, copiada ou distribuída em nenhum formato.

T&P Books Publishing
www.tpbooks.com

ISBN: 978-1-78400-918-2

Este livro também está disponível em formato E-book.
Por favor visite www.tpbooks.com ou as principais livrarias on-line.

VOCABULÁRIO DINAMARQUÊS
palavras mais úteis

Os vocabulários da T&P Books destinam-se a ajudar a aprender, a memorizar, e a rever palavras estrangeiras. O vocabulário contém mais de 5000 palavras de uso comum organizadas tematicamente.

O vocabulário contém as palavras mais comummente usadas
Recomendado como adicional para qualquer curso de línguas
Satisfaz as necessidades dos iniciados e dos alunos avançados de línguas estrangeiras
Conveniente para o uso diário, sessões de revisão e atividades de auto-teste
Permite avaliar o seu vocabulário

Características especias do vocabulário

- As palavras estão organizadas de acordo com o seu significado, e não por ordem alfabética
- As palavras são apresentadas em três colunas para facilitar os processos de revisão e auto-teste
- As palavras compostas são divididas em pequenos blocos para facilitar o processo de aprendizagem
- O vocabulário oferece uma transcrição simples e adequada de cada palavra estrangeira

O vocabulário contém 155 tópicos incluindo:

Conceitos básicos, Números, Cores, Meses, Estações do ano, Unidades de medida, Roupas & Acessórios, Alimentos & Nutrição, Restaurante, Membros da Família, Parentes, Caráter, Sentimentos, Emoções, Doenças, Cidade, Passeios, Compras, Dinheiro, Casa, Lar, Escritório, Trabalho no Escritório, Importação & Exportação, Marketing, Pesquisa de Emprego, Desportos, Educação, Computador, Internet, Ferramentas, Natureza, Países, Nacionalidades e muito mais ...

TABELA DE CONTEÚDOS

Guia de pronunciação	9
Abreviaturas	11

CONCEITOS BÁSICOS — 12
Conceitos básicos. Parte 1 — 12

1. Pronomes — 12
2. Cumprimentos. Saudações. Despedidas — 12
3. Como se dirigir a alguém — 13
4. Números cardinais. Parte 1 — 13
5. Números cardinais. Parte 2 — 14
6. Números ordinais — 15
7. Números. Frações — 15
8. Números. Operações básicas — 15
9. Números. Diversos — 15
10. Os verbos mais importantes. Parte 1 — 16
11. Os verbos mais importantes. Parte 2 — 17
12. Os verbos mais importantes. Parte 3 — 18
13. Os verbos mais importantes. Parte 4 — 19
14. Cores — 20
15. Questões — 20
16. Preposições — 21
17. Palavras funcionais. Advérbios. Parte 1 — 21
18. Palavras funcionais. Advérbios. Parte 2 — 23

Conceitos básicos. Parte 2 — 25

19. Dias da semana — 25
20. Horas. Dia e noite — 25
21. Meses. Estações — 26
22. Unidades de medida — 28
23. Recipientes — 29

O SER HUMANO — 30
O ser humano. O corpo — 30

24. Cabeça — 30
25. Corpo humano — 31

Vestuário & Acessórios — 32

26. Roupa exterior. Casacos — 32
27. Vestuário de homem & mulher — 32

28. Vestuário. Roupa interior	33
29. Adereços de cabeça	33
30. Calçado	33
31. Acessórios pessoais	34
32. Vestuário. Diversos	34
33. Cuidados pessoais. Cosméticos	35
34. Relógios de pulso. Relógios	36

Alimentação. Nutrição 37

35. Comida	37
36. Bebidas	38
37. Vegetais	39
38. Frutos. Nozes	40
39. Pão. Bolaria	41
40. Pratos cozinhados	41
41. Especiarias	42
42. Refeições	43
43. Por a mesa	44
44. Restaurante	44

Família, parentes e amigos 45

45. Informação pessoal. Formulários	45
46. Membros da família. Parentes	45

Medicina 47

47. Doenças	47
48. Sintomas. Tratamentos. Parte 1	48
49. Sintomas. Tratamentos. Parte 2	49
50. Sintomas. Tratamentos. Parte 3	50
51. Médicos	51
52. Medicina. Drogas. Acessórios	51

HABITAT HUMANO 53
Cidade 53

53. Cidade. Vida na cidade	53
54. Instituições urbanas	54
55. Sinais	55
56. Transportes urbanos	56
57. Turismo	57
58. Compras	58
59. Dinheiro	59
60. Correios. Serviço postal	60

Moradia. Casa. Lar 61

61. Casa. Eletricidade	61

62. Moradia. Mansão	61
63. Apartamento	61
64. Mobiliário. Interior	62
65. Quarto de dormir	63
66. Cozinha	63
67. Casa de banho	64
68. Eletrodomésticos	65

ATIVIDADES HUMANAS	66
Emprego. Negócios. Parte 1	66
69. Escritório. O trabalho no escritório	66
70. Processos negociais. Parte 1	67
71. Processos negociais. Parte 2	68
72. Produção. Trabalhos	69
73. Contrato. Acordo	70
74. Importação & Exportação	71
75. Finanças	71
76. Marketing	72
77. Publicidade	73
78. Banca	73
79. Telefone. Conversação telefónica	74
80. Telefone móvel	75
81. Estacionário	75
82. Tipos de negócios	76

Emprego. Negócios. Parte 2	78
83. Espetáculo. Feira	78
84. Ciência. Investigação. Cientistas	79

Profissões e ocupações	81
85. Procura de emprego. Demissão	81
86. Gente de negócios	81
87. Profissões de serviços	82
88. Profissões militares e postos	83
89. Oficiais. Padres	84
90. Profissões agrícolas	84
91. Profissões artísticas	85
92. Várias profissões	85
93. Ocupações. Estatuto social	87

Educação	88
94. Escola	88
95. Colégio. Universidade	89
96. Ciências. Disciplinas	90
97. Sistema de escrita. Ortografia	90
98. Línguas estrangeiras	91

Descanso. Entretenimento. Viagens	93
99. Viagens	93
100. Hotel	93

EQUIPAMENTO TÉCNICO. TRANSPORTES	95
Equipamento técnico. Transportes	95
101. Computador	95
102. Internet. E-mail	96
103. Eletricidade	97
104. Ferramentas	97

Transportes	100
105. Avião	100
106. Comboio	101
107. Barco	102
108. Aeroporto	103

Eventos	105
109. Férias. Evento	105
110. Funerais. Enterro	106
111. Guerra. Soldados	106
112. Guerra. Ações militares. Parte 1	107
113. Guerra. Ações militares. Parte 2	109
114. Armas	110
115. Povos da antiguidade	112
116. Idade média	112
117. Líder. Chefe. Autoridades	114
118. Viloação da lei. Criminosos. Parte 1	115
119. Viloação da lei. Criminosos. Parte 2	116
120. Polícia. Lei. Parte 1	117
121. Polícia. Lei. Parte 2	118

NATUREZA	120
A Terra. Parte 1	120
122. Espaço sideral	120
123. A Terra	121
124. Pontos cardeais	122
125. Mar. Oceano	122
126. Nomes de Mares e Oceanos	123
127. Montanhas	124
128. Nomes de montanhas	125
129. Rios	125
130. Nomes de rios	126
131. Floresta	126
132. Recursos naturais	127

A Terra. Parte 2	129
133. Tempo	129
134. Tempo extremo. Catástrofes naturais	130

Fauna	131
135. Mamíferos. Predadores	131
136. Animais selvagens	131
137. Animais domésticos	132
138. Pássaros	133
139. Peixes. Animais marinhos	135
140. Amfíbios. Répteis	135
141. Insetos	136

Flora	137
142. Árvores	137
143. Arbustos	137
144. Frutos. Bagas	138
145. Flores. Plantas	139
146. Cereais, grãos	140

PAÍSES. NACIONALIDADES	141
147. Europa Ocidental	141
148. Europa Central e de Leste	141
149. Países da ex-URSS	142
150. Asia	142
151. América do Norte	143
152. América Central do Sul	143
153. Africa	144
154. Austrália. Oceania	144
155. Cidades	144

GUIA DE PRONUNCIAÇÃO

Letra	Exemplo Dinamarquês	Alfabeto fonético T&P	Exemplo Português
Aa	Afrika, kompas	[æ], [ɑ], [ɑː]	semana
Bb	barberblad	[b]	barril
Cc	cafe, creme	[k]	kiwi
Cc [1]	koncert	[s]	sanita
Dd	direktør	[d]	dentista
Dd [2]	facade	[ð]	[z] - fricativa dental sonora não-sibilante
Ee	belgier	[e], [ə]	mover
Ee [3]	elevator	[ɛ]	mesquita
Ff	familie	[f]	safári
Gg	mango	[g]	gosto
Hh	høne, knurhår	[h]	[h] aspirada
Ii	kolibri	[i], [iː]	sinónimo
Jj	legetøj	[j]	géiser
Kk	leksikon	[k]	kiwi
Ll	leopard	[l]	libra
Mm	marmor	[m]	magnólia
Nn	natur, navn	[n]	natureza
ng	omfang	[ŋ]	alcançar
nk	punktum	[ŋ]	alcançar
Oo	fortov	[o], [ɔ]	noite
Pp	planteolie	[p]	presente
Qq	sequoia	[k]	kiwi
Rr	seriøs	[ʁ]	[r] vibrante
Ss	selskab	[s]	sanita
Tt	strøm, trappe	[t]	tulipa
Uu	blæksprutte	[uː]	blusa
Vv	børnehave	[ʊ]	fava
Ww	whisky	[w]	página web
Xx	Luxembourg	[ks]	perplexo
Yy	lykke	[y], [ø]	trabalho
Zz	Venezuela	[s]	sanita
Ææ	ærter	[ɛ], [ɛː]	mover
Øø	grønsager	[ø], [œ]	milhões
Åå	åbent, afgå	[ɔ], [oː]	fava

Comentários

[1] antes de **e**, **i**
[2] depois de uma vogal acentuada
[3] no início de palavras

ABREVIATURAS
usadas no vocabulário

Abreviaturas do Português

adj	-	adjetivo
adv	-	advérbio
anim.	-	animado
conj.	-	conjunção
desp.	-	desporto
etc.	-	etecetra
ex.	-	por exemplo
f	-	nome feminino
f pl	-	feminino plural
fem.	-	feminino
inanim.	-	inanimado
m	-	nome masculino
m pl	-	masculino plural
m, f	-	masculino, feminino
masc.	-	masculino
mat.	-	matemática
mil.	-	militar
pl	-	plural
prep.	-	preposição
pron.	-	pronome
sb.	-	sobre
sing.	-	singular
v aux	-	verbo auxiliar
vi	-	verbo intransitivo
vi, vt	-	verbo intransitivo, transitivo
vr	-	verbo reflexivo
vt	-	verbo transitivo

Abreviaturas do Dinamarquês

f	-	género comum
f pl	-	género comum plural
i	-	neutro
i pl	-	neutro plural
i, f	-	neutro, género comum
ngn.	-	alguém
pl	-	plural

CONCEITOS BÁSICOS

Conceitos básicos. Parte 1

1. Pronomes

eu	jeg	['jaj]
tu	du	[du]
ele	han	['han]
ela	hun	['hun]
ele, ela (neutro)	den, det	['dən], [de]
nós	vi	['vi]
vocês	I	[i]
eles, elas	de	['di]

2. Cumprimentos. Saudações. Despedidas

Olá!	Hej!	['haj]
Bom dia! (formal)	Hallo! Goddag!	[ha'lo], [go'dæˀ]
Bom dia! (de manhã)	Godmorgen!	[go'mɒːɒn]
Boa tarde!	Goddag!	[go'dæˀ]
Boa noite!	Godaften!	[go'aftən]
cumprimentar (vt)	at hilse	[ʌ 'hilsə]
Olá!	Hej!	['haj]
saudação (f)	hilsen (f)	['hilsən]
saudar (vt)	at hilse	[ʌ 'hilsə]
Como vai?	Hvordan har De det?	[vɒ'dan ha di de]
Como vais?	Hvordan går det?	[vɒ'dan gɒː de]
O que há de novo?	Hvad nyt?	['vað 'nyt]
Adeus! (formal)	Farvel!	[fa'vɛl]
Até à vista! (informal)	Hej hej!	['haj 'haj]
Até breve!	Hej så længe!	['haj sʌ 'lɛŋə]
Adeus!	Farvel!	[fa'vɛl]
despedir-se (vr)	at sige farvel	[ʌ 'siː fa'vɛl]
Até logo!	Hej hej!	['haj 'haj]
Obrigado! -a!	Tak!	['tak]
Muito obrigado! -a!	Mange tak!	['maŋə 'tak]
De nada	Velbekomme	['vɛlbə'kʌmˀə]
Não tem de quê	Det var så lidt!	[de vaˀ sʌ let]
De nada	Det var så lidt!	[de vaˀ sʌ let]
Desculpa!	Undskyld, ...	['ɔnˌskylˀ, ...]
Desculpe!	Undskyld mig, ...	['ɔnˌskylˀ maj, ...]

desculpar (vt)	at undskylde	[ʌ 'ɔnˌskylˀə]
desculpar-se (vr)	at undskylde sig	[ʌ 'ɔnˌskylˀə sɑj]
As minhas desculpas	Om forladelse	[ʌm fʌ'læˀðəlsə]
Desculpe!	Undskyld mig!	['ɔnˌskylˀ mɑj]
perdoar (vt)	at tilgive	[ʌ 'telˌgiˀ]
Não faz mal	Det gør ikke noget	[de 'gœɐ̯ 'ekə 'nɔːəð]
por favor	værsgo	['væɐ̯'sgoˀ]
Não se esqueça!	Husk!	['husk]
Certamente! Claro!	Selvfølgelig!	[sɛl'føljəli]
Claro que não!	Naturligvis ikke!	[na'tuɐ̯ˀli'viˀs 'ekə]
Está bem! De acordo!	OK! Jeg er enig!	[ɔw'kɛj], ['jɑj 'æɐ̯ 'eːni]
Basta!	Så er det nok!	['sʌ æɐ̯ de 'nʌk]

3. Como se dirigir a alguém

Desculpe (para chamar a atenção)	Undskyld, ...	['ɔnˌskylˀ, ...]
senhor	herre, hr.	['hæɐ̯ʌ], [hæɐ̯]
senhora	frue, fr.	['fʁuːə], [fʁu]
rapariga	frøken	['fʁœˀkən]
rapaz	ung mand	['ɔŋˀ 'manˀ]
menino	lille dreng	['lilə 'dʁaŋˀ]
menina	frøken	['fʁœˀkən]

4. Números cardinais. Parte 1

zero	nul	['nɔl]
um	en	['en]
dois	to	['toˀ]
três	tre	['tʁɛˀ]
quatro	fire	['fiˀʌ]
cinco	fem	['fɛmˀ]
seis	seks	['sɛks]
sete	syv	['sywˀ]
oito	otte	['ɔːtə]
nove	ni	['niˀ]
dez	ti	['tiˀ]
onze	elleve	['ɛlvə]
doze	tolv	['tʌlˀ]
treze	tretten	['tʁatən]
catorze	fjorten	['fjoɐ̯tən]
quinze	femten	['fɛmtən]
dezasseis	seksten	['sɑjstən]
dezassete	sytten	['søtən]
dezoito	atten	['atən]
dezanove	nitten	['netən]
vinte	tyve	['tyːvə]
vinte e um	enogtyve	['eːnʌˌtyːvə]

vinte e dois	toogtyve	[ˈtoːʌˌtyːvə]
vinte e três	treogtyve	[ˈtʁɛːʌˌtyːvə]
trinta	tredive	[ˈtʁaðvə]
trinta e um	enogtredive	[ˈeːnʌˌtʁaðvə]
trinta e dois	toogtredive	[ˈtoːʌˌtʁaðvə]
trinta e três	treogtredive	[ˈtʁɛːʌˌtʁaðvə]
quarenta	fyrre	[ˈfœʁʌ]
quarenta e um	enogfyrre	[ˈeːnʌˌfœʁʌ]
quarenta e dois	toogfyrre	[ˈtoːʌˌfœʁʌ]
quarenta e três	treogfyrre	[ˈtʁɛːʌˌfœʁʌ]
cinquenta	halvtreds	[halˈtʁɛs]
cinquenta e um	enoghalvtreds	[ˈeːnʌ halˌtʁɛs]
cinquenta e dois	tooghalvtreds	[ˈtoːʌ halˌtʁɛs]
cinquenta e três	treoghalvtreds	[ˈtʁɛːʌ halˌtʁɛs]
sessenta	tres	[ˈtʁɛs]
sessenta e um	enogtres	[ˈeːnʌˌtʁɛs]
sessenta e dois	toogtres	[ˈtoːʌˌtʁɛs]
sessenta e três	treogtres	[ˈtʁɛːʌˌtʁɛs]
setenta	halvfjerds	[halˈfjæɡs]
setenta e um	enoghalvfjerds	[ˈeːnʌ halˈfjæɡs]
setenta e dois	tooghalvfjerds	[ˈtoːʌ halˈfjæɡs]
setenta e três	treoghalvfjerds	[ˈtʁɛːʌ halˈfjæɡs]
oitenta	firs	[ˈfiɡˀs]
oitenta e um	enogfirs	[ˈeːnʌˌˈfiɡˀs]
oitenta e dois	toogfirs	[ˈtoːʌˌfiɡˀs]
oitenta e três	treogfirs	[ˈtʁɛːʌˌfiɡˀs]
noventa	halvfems	[halˈfɛmˀs]
noventa e um	enoghalvfems	[ˈeːnʌ halˌfɛmˀs]
noventa e dois	tooghalvfems	[ˈtoːʌ halˌfɛmˀs]
noventa e três	treoghalvfems	[ˈtʁɛːʌ halˌfɛmˀs]

5. Números cardinais. Parte 2

cem	hundrede	[ˈhunʌðə]
duzentos	tohundrede	[ˈtɔwˌhunʌðə]
trezentos	trehundrede	[ˈtʁɛˌhunʌðə]
quatrocentos	firehundrede	[ˈfiɡˌhunʌðə]
quinhentos	femhundrede	[ˈfɛmˌhunʌðə]
seiscentos	sekshundrede	[ˈsɛksˌhunʌðə]
setecentos	syvhundrede	[ˈsywˌhunʌðə]
oitocentos	ottehundrede	[ˈɔːtəˌhunʌðə]
novecentos	nihundrede	[ˈniˌhunʌðə]
mil	tusind	[ˈtuʔsən]
dois mil	totusind	[ˈtoˌtuʔsən]
De quem são ...?	tretusind	[ˈtʁɛˌtuʔsən]

dez mil	titusind	['ti‚tu'sən]
cem mil	hundredetusind	['hunʌðə‚tu'sən]
um milhão	million (f)	[mili'o'n]
mil milhões	milliard (f)	[mili'ɑ'd]

6. Números ordinais

primeiro	første	['fœɐ̯stə]
segundo	anden	['anən]
terceiro	tredje	['tʁɛðjə]
quarto	fjerde	['fjɛːʌ]
quinto	femte	['fɛmtə]
sexto	sjette	['ɕɛːtə]
sétimo	syvende	['syw'ənə]
oitavo	ottende	['ʌtənə]
nono	niende	['ni'ənə]
décimo	tiende	['ti'ənə]

7. Números. Frações

fração (f)	brøk (f)	['bʁœ'k]
um meio	en halv	[en 'hal']
um terço	en tredjedel	[en 'tʁɛðjə‚de'l]
um quarto	en fjerdedel	[en 'fjɛːʌ‚de'l]
um oitavo	en ottendedel	[en 'ʌtənə‚de'l]
um décimo	en tiendedel	[en 'tiənə‚de'l]
dois terços	to tredjedele	['to: 'tʁɛðjə‚deːlə]
três quartos	tre fjerdedele	['tʁɛ: 'fjɛːʌ‚de'lə]

8. Números. Operações básicas

subtração (f)	subtraktion (f)	[subtʁak'ɕo'n]
subtrair (vi, vt)	at subtrahere	[ʌ subtʁɑ'he'ʌ]
divisão (f)	division (f)	[divi'ɕo'n]
dividir (vt)	at dividere	[ʌ divi'de'ʌ]
adição (f)	addition (f)	[adi'ɕo'n]
somar (vt)	at addere	[ʌ a'de'ʌ]
adicionar (vt)	at addere	[ʌ a'de'ʌ]
multiplicação (f)	multiplikation (f)	[multiplika'ɕo'n]
multiplicar (vt)	at multiplicere	[ʌ multipli'se'ʌ]

9. Números. Diversos

algarismo, dígito (m)	ciffer (i)	['sifʌ]
número (m)	tal (i)	['tal]

numeral (m)	talord (i)	['tal,oˀɐ̯]
menos (m)	minus (i)	['miːnus]
mais (m)	plus (i)	['plus]
fórmula (f)	formel (f)	['fɔˀməl]
cálculo (m)	beregning (f)	[beˈʁajˀneŋ]
contar (vt)	at tælle	[ʌ 'tɛlə]
calcular (vt)	at tælle op	[ʌ 'tɛlə 'ʌp]
comparar (vt)	at sammenligne	[ʌ 'samən,liˀnə]
Quanto?	Hvor meget?	[vɒˀ 'maɑð]
Quantos? -as?	Hvor mange?	[vɒˀ 'maŋə]
soma (f)	sum (f)	['sɔmˀ]
resultado (m)	resultat (i)	[ʁɛsul'tæˀt]
resto (m)	rest (f)	['ʁast]
alguns, algumas ...	nogle få ...	['noːlə fɔˀ ...]
um pouco de ...	lidt ...	['let ...]
poucos, -as (~ pessoas)	få, ikke mange	['fɔˀ], ['ekə 'maŋə]
um pouco (~ de vinho)	lidt	['let]
resto (m)	øvrig (i)	['øwʁi]
um e meio	halvanden	[hal'anən]
dúzia (f)	dusin (i)	[du'siˀn]
ao meio	i to halvdele	[i 'toː 'haldeːlə]
em partes iguais	jævnt	['jɛwˀnt]
metade (f)	halvdel (f)	['haldeˀl]
vez (f)	gang (f)	['gaŋˀ]

10. Os verbos mais importantes. Parte 1

abrir (vt)	at åbne	[ʌ 'ɔːbnə]
acabar, terminar (vt)	at slutte	[ʌ 'slutə]
aconselhar (vt)	at råde	[ʌ 'ʁɔːðə]
adivinhar (vt)	at gætte	[ʌ 'gɛtə]
advertir (vt)	at advare	[ʌ 'að,vaˀɑ]
ajudar (vt)	at hjælpe	[ʌ 'jɛlpə]
almoçar (vi)	at spise frokost	[ʌ 'spiːsə 'fʁɔkʌst]
alugar (~ um apartamento)	at leje	[ʌ 'lajə]
amar (vt)	at elske	[ʌ 'ɛlskə]
ameaçar (vt)	at true	[ʌ 'tʁuːə]
anotar (escrever)	at skrive ned	[ʌ 'skʁiːvə 'neðˀ]
apanhar (vt)	at fange	[ʌ 'faŋə]
apressar-se (vr)	at skynde sig	[ʌ 'skønə saj]
arrepender-se (vr)	at beklage	[ʌ beˈklæˀjə]
assinar (vt)	at underskrive	[ʌ 'ɔnʌ,skʁiˀvə]
atirar, disparar (vi)	at skyde	[ʌ 'skyːðə]
brincar (vi)	at spøge	[ʌ 'spøːjə]
brincar, jogar (crianças)	at lege	[ʌ 'lajə]
buscar (vt)	at søge ...	[ʌ 'søːə ...]

caçar (vi)	at jage	[ʌ 'jæːjə]
cair (vi)	at falde	[ʌ 'falə]
cavar (vt)	at grave	[ʌ 'gʁɑːvə]
cessar (vt)	at stoppe, at slutte	[ʌ 'stʌpə], [ʌ 'slutə]
chamar (~ por socorro)	at tilkalde	[ʌ 'telˌkalʔə]
chegar (vi)	at ankomme	[ʌ 'anˌkʌmʔə]
chorar (vi)	at græde	[ʌ 'gʁaːðə]
começar (vt)	at begynde	[ʌ be'gønʔə]
comparar (vt)	at sammenligne	[ʌ 'samənˌliʔnə]
compreender (vt)	at forstå	[ʌ fʌ'stɔʔ]
concordar (vi)	at samtykke	[ʌ 'samˌtykə]
confiar (vt)	at stole på	[ʌ 'stoːlə pɔʔ]
confundir (equivocar-se)	at forveksle	[ʌ fʌ'vɛkslə]
conhecer (vt)	at kende	[ʌ 'kɛnə]
contar (fazer contas)	at tælle	[ʌ 'tɛlə]
contar com (esperar)	at regne med ...	[ʌ 'ʁajnə mɛ ...]
continuar (vt)	at fortsætte	[ʌ 'fɒːtˌsɛtə]
controlar (vt)	at kontrollere	[ʌ kʌntʁo'leʔʌ]
convidar (vt)	at indbyde, at invitere	[ʌ 'enˌbyʔðə], [ʌ envi'teʔʌ]
correr (vi)	at løbe	[ʌ 'løːbə]
criar (vt)	at oprette, at skabe	[ʌ 'ʌbˌʁatə], [ʌ 'skæːbə]
custar (vt)	at koste	[ʌ 'kʌstə]

11. Os verbos mais importantes. Parte 2

dar (vt)	at give	[ʌ 'giʔ]
dar uma dica	at give et vink	[ʌ 'giʔ et 'veŋʔk]
decorar (enfeitar)	at pryde	[ʌ 'pʁyːðə]
defender (vt)	at forsvare	[ʌ fʌ'svɑʔɑ]
deixar cair (vt)	at tabe	[ʌ 'tæːbə]
descer (para baixo)	at gå ned	[ʌ gɔʔ 'neðʔ]
desculpar (vt)	at tilgive	[ʌ 'telˌgiʔ]
desculpar-se (vr)	at undskylde sig	[ʌ 'ɔnˌskylʔə saj]
dirigir (~ uma empresa)	at styre, at lede	[ʌ 'styːʌ], [ʌ 'leːðə]
discutir (notícias, etc.)	at diskutere	[ʌ disku'teʔʌ]
dizer (vt)	at sige	[ʌ 'siː]
duvidar (vt)	at tvivle	[ʌ 'tviwlə]
encontrar (achar)	at finde	[ʌ 'fenə]
enganar (vt)	at snyde	[ʌ 'snyːðə]
entrar (na sala, etc.)	at komme ind	[ʌ 'kʌmə ˌenʔ]
enviar (uma carta)	at sende	[ʌ 'sɛnə]
errar (equivocar-se)	at tage fejl	[ʌ 'tæʔ fɑjʔl]
escolher (vt)	at vælge	[ʌ 'vɛljə]
esconder (vt)	at gemme	[ʌ 'gɛmə]
escrever (vt)	at skrive	[ʌ 'skʁiːvə]
esperar (o autocarro, etc.)	at vente	[ʌ 'vɛntə]
esquecer (vt)	at glemme	[ʌ 'glɛmə]
estudar (vt)	at studere	[ʌ stu'deʔʌ]

17

| exigir (vt) | at kræve | [ʌ 'kʁɛ:və] |
| existir (vi) | at eksistere | [ʌ ɛksi'steˀʌ] |

explicar (vt)	at forklare	[ʌ fʌ'klɑˀɑ]
falar (vi)	at tale	[ʌ 'tæ:lə]
faltar (clases, etc.)	at forsømme	[ʌ fʌ'sœmˀə]
fazer (vt)	at gøre	[ʌ 'gœ:ʌ]
ficar em silêncio	at tie	[ʌ 'ti:ə]
gabar-se, jactar-se (vr)	at prale	[ʌ 'pʁɑ:lə]

gostar (apreciar)	at kunne lide	[ʌ 'kunə 'li:ðə]
gritar (vi)	at skrige	[ʌ 'skʁi:ə]
guardar (cartas, etc.)	at beholde	[ʌ be'hʌlˀə]
informar (vt)	at informere	[ʌ enfɒ'meˀʌ]
insistir (vi)	at insistere	[ʌ ensi'steˀʌ]

insultar (vt)	at fornærme	[ʌ fʌ'næɐ̯ˀmə]
interessar-se (vr)	at interessere sig	[ʌ entʁe'seˀʌ sɑj]
ir (a pé)	at gå	[ʌ 'gɔˀ]
ir nadar	at bade	[ʌ 'bæˀðə]
jantar (vi)	at spise aftensmad	[ʌ 'spi:sə 'ɑftəns,mɑð]

12. Os verbos mais importantes. Parte 3

ler (vt)	at læse	[ʌ 'lɛ:sə]
libertar (cidade, etc.)	at befri	[ʌ be'fʁiˀ]
matar (vt)	at dræbe, at myrde	[ʌ 'dʁɛ:be], [ʌ 'myɐ̯də]
mencionar (vt)	at omtale, at nævne	[ʌ 'ʌm,tæ:lə], [ʌ 'nɛwnə]
mostrar (vt)	at vise	[ʌ 'vi:sə]

mudar (modificar)	at ændre	[ʌ 'ɛndʁʌ]
nadar (vi)	at svømme	[ʌ 'svœmə]
negar-se a ...	at vægre sig	[ʌ 'vɛ:jʁʌ sɑj]
objetar (vt)	at indvende	[ʌ 'enˀ,vɛnˀə]

observar (vt)	at observere	[ʌ ʌbsæɐ̯'veˀʌ]
ordenar (mil.)	at beordre	[ʌ be'ɒˀdʁʌ]
ouvir (vt)	at høre	[ʌ 'hø:ʌ]
pagar (vt)	at betale	[ʌ be'tæˀlə]
parar (vi)	at standse	[ʌ 'stansə]

participar (vi)	at deltage	[ʌ 'del,tæˀ]
pedir (comida)	at bestille	[ʌ be'stelˀə]
pedir (um favor, etc.)	at bede	[ʌ 'beˀðə]
pegar (tomar)	at tage	[ʌ 'tæˀ]
pensar (vt)	at tænke	[ʌ 'tɛŋkə]

perceber (ver)	at bemærke	[ʌ be'mæɐ̯kə]
perdoar (vt)	at tilgive	[ʌ 'tel,giˀ]
perguntar (vt)	at spørge	[ʌ 'spœɐ̯ʌ]
permitir (vt)	at tillade	[ʌ 'te,læˀðə]
pertencer a ...	at tilhøre ...	[ʌ 'tel,høˀʌ ...]
planear (vt)	at planlægge	[ʌ 'plæ:n,lɛgə]
poder (vi)	at kunne	[ʌ 'kunə]

possuir (vt)	at besidde, at eje	[ʌ be'sið'ə], [ʌ 'ajə]
preferir (vt)	at foretrække	[ʌ fɒːɒ'tʁakə]
preparar (vt)	at lave	[ʌ 'læːvə]

prever (vt)	at forudse	[ʌ 'fɒuðˌse']
prometer (vt)	at love	[ʌ 'lɔːvə]
pronunciar (vt)	at udtale	[ʌ 'uðˌtæːlə]
propor (vt)	at foreslå	[ʌ 'fɒːɒˌslɔ']
punir (castigar)	at straffe	[ʌ 'stʁɑfə]

13. Os verbos mais importantes. Parte 4

quebrar (vt)	at bryde	[ʌ 'bʁyːðə]
queixar-se (vr)	at klage	[ʌ 'klæːjə]
querer (desejar)	at ville	[ʌ 'vilə]
recomendar (vt)	at anbefale	[ʌ 'anbeˌfæ'lə]
repetir (dizer outra vez)	at gentage	[ʌ 'gɛnˌtæ']

repreender (vt)	at skælde	[ʌ 'skɛlə]
reservar (~ um quarto)	at reservere	[ʌ ʁɛsæɐ̯'ve'ʌ]
responder (vt)	at svare	[ʌ 'svɑːɑ]
rezar, orar (vi)	at bede	[ʌ 'be'ðə]
rir (vi)	at le, at grine	[ʌ 'le'], [ʌ 'gʁiːnə]

roubar (vt)	at stjæle	[ʌ 'stjɛːlə]
saber (vt)	at vide	[ʌ 'viːðə]
sair (~ de casa)	at gå ud	[ʌ 'gɔ' uð']
salvar (vt)	at redde	[ʌ 'ʁɛðə]
seguir ...	at følge efter ...	[ʌ 'følje 'ɛftʌ ...]

sentar-se (vr)	at sætte sig	[ʌ 'sɛtə sɑj]
ser necessário	at være behøvet	[ʌ 'vɛːʌ be'hø'vəð]
ser, estar	at være	[ʌ 'vɛːʌ]
significar (vt)	at betyde	[ʌ be'ty'ðə]
sorrir (vi)	at smile	[ʌ 'smiːlə]
subestimar (vt)	at undervurdere	[ʌ 'ɔnʌvuɐ̯'de'ʌ]
surpreender-se (vr)	at blive forundret	[ʌ 'bliːə fʌ'ɔn'dʁʌð]
tentar (vt)	at prøve	[ʌ 'pʁœːwə]

ter (vt)	at have	[ʌ 'hæːvə]
ter fome	at være sulten	[ʌ 'vɛːʌ 'sultən]
ter medo	at frygte	[ʌ 'fʁœgtə]
ter sede	at være tørstig	[ʌ 'vɛːʌ 'tœɐ̯sti]

tocar (com as mãos)	at røre	[ʌ 'ʁœːʌ]
tomar o pequeno-almoço	at spise morgenmad	[ʌ 'spiːsə 'mɔːɒnˌmɑð]
trabalhar (vi)	at arbejde	[ʌ 'ɑːˌbɑj'də]
traduzir (vt)	at oversætte	[ʌ 'ɔwʌˌsɛtə]
unir (vt)	at forene	[ʌ fʌ'enə]

vender (vt)	at sælge	[ʌ 'sɛljə]
ver (vt)	at se	[ʌ 'se']
virar (ex. ~ à direita)	at svinge	[ʌ 'sveŋə]
voar (vi)	at flyve	[ʌ 'flyːvə]

14. Cores

cor (f)	farve (f)	[ˈfɑːvə]
matiz (m)	nuance (f)	[nyˈɑŋsə]
tom (m)	farvetone (f)	[ˈfɑːvəˌtoːnə]
arco-íris (m)	regnbue (f)	[ˈʁɑjnˌbuːə]
branco	hvid	[ˈviðˀ]
preto	sort	[ˈsoɐ̯t]
cinzento	grå	[ˈgʁɔˀ]
verde	grøn	[ˈgʁœnˀ]
amarelo	gul	[ˈguˀl]
vermelho	rød	[ˈʁœðˀ]
azul	blå	[ˈblɔˀ]
azul claro	lyseblå	[ˈlysəˌblɔˀ]
rosa	rosa	[ˈʁoːsa]
laranja	orange	[oˈʁɑŋɕə]
violeta	violblå	[viˈolˌblɔˀ]
castanho	brun	[ˈbʁuˀn]
dourado	guld-	[ˈgul-]
prateado	sølv-	[ˈsøl-]
bege	beige	[ˈbɛːɕ]
creme	cremefarvet	[ˈkʁɛːmˌfɑˀvəð]
turquesa	turkis	[tyɡˈkiˀs]
vermelho cereja	kirsebærrød	[ˈkiɐ̯səbæɐ̯ˌʁœðˀ]
lilás	lilla	[ˈlela]
carmesim	hindbærrød	[ˈhenbæɐ̯ˌʁœðˀ]
claro	lys	[ˈlyˀs]
escuro	mørk	[ˈmœɐ̯k]
vivo	klar	[ˈklɑˀ]
de cor	farve-	[ˈfɑːvə-]
a cores	farve	[ˈfɑːvə]
preto e branco	sort-hvid	[ˈsoɐ̯tˈviðˀ]
unicolor	ensfarvet	[ˈensˌfɑˀvəð]
multicor	mangefarvet	[ˈmɑŋəˌfɑːvəð]

15. Questões

Quem?	Hvem?	[ˈvɛmˀ]
Que?	Hvad?	[ˈvað]
Onde?	Hvor?	[ˈvɒˀ]
Para onde?	Hvorhen?	[ˈvɒˀˌhɛn]
De onde?	Hvorfra?	[ˈvɒˀˌfʁɑˀ]
Quando?	Hvornår?	[vɒˈnɒˀ]
Para quê?	Hvorfor?	[ˈvɒfʌ]
Porquê?	Hvorfor?	[ˈvɒfʌ]
Para quê?	For hvad?	[fʌ ˈvað]

Como?	Hvordan?	[vɒ'dan]
Qual?	Hvilken?	['vɛlkən]
Qual? (entre dois ou mais)	Hvilken?	['vɛlkən]
A quem?	Til hvem?	[tel 'vɛmˀ]
Sobre quem?	Om hvem?	[ʌm 'vɛmˀ]
Do quê?	Om hvad?	[ʌm 'vað]
Com quem?	Med hvem?	[mɛ 'vɛmˀ]
Quantos? -as?	Hvor mange?	[vɒˀ 'maŋə]
Quanto?	Hvor meget?	[vɒˀ 'maɑð]
De quem? (masc.)	Hvis?	['ves]

16. Preposições

com (prep.)	med	[mɛ]
sem (prep.)	uden	['uðən]
a, para (exprime lugar)	til	['tel]
sobre (ex. falar ~)	om	[ʌm]
antes de ...	før	['føˀɐ̯]
diante de ...	foran ...	['fɔ:'anˀ ...]
sob (debaixo de)	under	['ɔnʌ]
sobre (em cima de)	over	['ɒwʌ]
sobre (~ a mesa)	på	[pɔ]
de (vir ~ Lisboa)	fra	['fʁɑˀ]
de (feito ~ pedra)	af	[a]
dentro de (~ dez minutos)	om	[ʌm]
por cima de ...	over	['ɒwʌ]

17. Palavras funcionais. Advérbios. Parte 1

Onde?	Hvor?	['vɒˀ]
aqui	her	['hɛˀɐ̯]
lá, ali	der	['dɛˀɐ̯]
em algum lugar	et sted	[et 'stɛð]
em lugar nenhum	ingen steder	['eŋən ˌstɛ:ðʌ]
ao pé de ...	ved	[ve]
ao pé da janela	ved vinduet	[ve 'venduəð]
Para onde?	Hvorhen?	['vɒˀˌhɛn]
para cá	herhen	['hɛˀɐ̯ˌhɛn]
para lá	derhen	['dɛˀɐ̯ˌhɛn]
daqui	herfra	['hɛˀɐ̯ˌfʁɑˀ]
de lá, dali	derfra	['dɛˀɐ̯ˌfʁɑˀ]
perto	nær	['nɛˀɐ̯]
longe	langt	['laŋˀt]
perto de ...	nær	['nɛˀɐ̯]

ao lado de	i nærheden	[i 'nɛʁˌheðʼən]
perto, não fica longe	ikke langt	['ekə 'laŋʔt]
esquerdo	venstre	['vɛnstʁʌ]
à esquerda	til venstre	[te 'vɛnstʁʌ]
para esquerda	til venstre	[te 'vɛnstʁʌ]
direito	højre	['hʌjʁʌ]
à direita	til højre	[te 'hʌjʁʌ]
para direita	til højre	[te 'hʌjʁʌ]
à frente	foran	['fɔː'anʔ]
da frente	for-, ante-	[fʌ-], [antə'-]
em frente (para a frente)	fremad	['fʁamʔˌað]
atrás de ...	bagved	['bæʔjˌve]
por detrás (vir ~)	bagpå	['bæʔjˌpɔʔ]
para trás	tilbage	[te'bæːjə]
meio (m), metade (f)	midte (f)	['metə]
no meio	i midten	[i 'metən]
de lado	fra siden	[fʁɑ 'siðən]
em todo lugar	overalt	[ɒwʌ'alʔt]
ao redor (olhar ~)	rundtomkring	['ʁɔnʔdʌmˌkʁɛŋʔ]
de dentro	indefra	['enəˌfʁɑʔ]
para algum lugar	et sted	[et 'stɛð]
diretamente	ligeud	['liːə'uðʔ]
de volta	tilbage	[te'bæːjə]
de algum lugar	et eller andet sted fra	[ed 'ɛlʌ 'anəð stɛð fʁɑʔ]
de um lugar	fra et sted	[fʁɑ ed 'stɛð]
em primeiro lugar	for det første	[fʌ de 'fœɡstə]
em segundo lugar	for det andet	[fʌ de 'anəð]
em terceiro lugar	for det tredje	[fʌ de 'tʁɛðjə]
de repente	pludseligt	['plusəlit]
no início	i begyndelsen	[i be'gønʔəlsən]
pela primeira vez	for første gang	[fʌ 'fœɡstə ɡaŋʔ]
muito antes de ...	længe før ...	['lɛŋə føʔɡ ...]
de novo, novamente	på ny	[pɔ 'nyʔ]
para sempre	for evigt	[fʌ 'eːvið]
nunca	aldrig	['aldʁi]
de novo	igen	[i'gɛn]
agora	nu	['nu]
frequentemente	ofte	['ʌftə]
então	da, dengang	['da], ['dɛnʔˌgaŋʔ]
urgentemente	omgående	['ʌmˌgɔʔənə]
usualmente	vanligvis	['væːnliˌviʔs]
a propósito, ...	for resten ...	[fʌ 'ʁastən ...]
é possível	muligt, muligvis	['muːlit], ['muːliˌviʔs]
provavelmente	sandsynligvis	[san'syʔnliˌviʔs]

talvez	måske	[mɔ'skeʔ]
além disso, ...	desuden, ...	[des'uːðən, ...]
por isso ...	derfor ...	['dɛʔɡfʌ ...]
apesar de ...	på trods af ...	[pɔ 'tʁʌs æʔ ...]
graças a ...	takket være ...	['takəð ˌvɛʔʌ ...]
que (pron.)	hvad	['vað]
que (conj.)	at	[at]
algo	noget	['nɔːəð]
alguma coisa	noget	['nɔːəð]
nada	ingenting	['eŋən'teŋʔ]
quem	hvem	['vɛmʔ]
alguém (~ teve uma ideia ...)	nogen	['noən]
alguém	nogen	['noən]
ninguém	ingen	['eŋən]
para lugar nenhum	ingen steder	['eŋən ˌstɛːðʌ]
de ninguém	ingens	['eŋəns]
de alguém	nogens	['noəns]
tão	så	['sʌ]
também (gostaria ~ de ...)	også	['ʌsə]
também (~ eu)	også	['ʌsə]

18. Palavras funcionais. Advérbios. Parte 2

Porquê?	Hvorfor?	['vɔfʌ]
por alguma razão	af en eller anden grund	[a en 'ɛlʌ 'anən 'gʁɔnʔ]
porque ...	fordi ...	[fʌ'diʔ ...]
por qualquer razão	af en eller anden grund	[a en 'ɛlʌ 'anən 'gʁɔnʔ]
e (tu ~ eu)	og	[ʌ]
ou (ser ~ não ser)	eller	[ɛlʌ]
mas (porém)	men	['mɛn]
para (~ a minha mãe)	for, til	[fʌ], [tel]
demasiado, muito	for, alt for	[fʌ], ['alʔt fʌ]
só, somente	bare, kun	['baːa], ['kɔn]
exatamente	præcis	[pʁɛ'siʔs]
cerca de (~ 10 kg)	cirka	['siɐka]
aproximadamente	omtrent	[ʌm'tʁanʔt]
aproximado	omtrentlig	[ʌm'tʁanʔtli]
quase	næsten	['nɛstən]
resto (m)	rest (f)	['ʁast]
o outro (segundo)	den anden	[dən 'anən]
outro	andre	['andʁʌ]
cada	hver	['vɛʔɐ]
qualquer	hvilken som helst	['velken sʌm 'hɛlʔst]
muito	megen, meget	['majən], ['maað]
muitas pessoas	mange	['maŋə]
todos	alle	['alə]

em troca de ...	**til gengæld for ...**	[tel 'gɛnˌgɛlʔ fʌ ...]
em troca	**i stedet for**	[i 'stɛðə fʌ]
à mão	**i hånden**	[i 'hʌnən]
pouco provável	**næppe**	['nɛpə]
provavelmente	**sandsynligvis**	[san'syʔnliˌviʔs]
de propósito	**med vilje, forsætlig**	[mɛ 'viljə], [fʌ'sɛtli]
por acidente	**tilfældigt**	[te'fɛlʔdit]
muito	**meget**	['maɑð]
por exemplo	**for eksempel**	[fʌ ɛk'sɛmʔpəl]
entre	**imellem**	[i'mɛlʔəm]
entre (no meio de)	**blandt**	['blant]
tanto	**så meget**	['sʌ 'maɑð]
especialmente	**særligt**	['sæɐ̯lit]

Conceitos básicos. Parte 2

19. Dias da semana

segunda-feira (f)	mandag (f)	['man'da]
terça-feira (f)	tirsdag (f)	['tiɐ̯'sda]
quarta-feira (f)	onsdag (f)	['ɔn'sda]
quinta-feira (f)	torsdag (f)	['tɒ'sda]
sexta-feira (f)	fredag (f)	['fʁɛ'da]
sábado (m)	lørdag (f)	['lœɐ̯da]
domingo (m)	søndag (f)	['sœn'da]
hoje	i dag	[i 'dæ']
amanhã	i morgen	[i 'mɒːɒn]
depois de amanhã	i overmorgen	[i 'ɒwʌˌmɒːɒn]
ontem	i går	[i 'gɒ']
anteontem	i forgårs	[i 'fɒːˌgɒ's]
dia (m)	dag (f)	['dæ']
dia (m) de trabalho	arbejdsdag (f)	['ɑːbɑjdsˌdæ']
feriado (m)	festdag (f)	['fɛstˌdæ']
dia (m) de folga	fridag (f)	['fʁidæ']
fim (m) de semana	weekend (f)	['wiːˌkɛnd]
o dia todo	hele dagen	['heːlə 'dæ'ən]
no dia seguinte	næste dag	['nɛstə dæ']
há dois dias	for to dage siden	[fʌ to' 'dæ'ə 'siðən]
na véspera	dagen før	['dæ'ən fʌ]
diário	daglig	['dɑwli]
todos os dias	hver dag	['vɛɐ̯ 'dæ']
semana (f)	uge (f)	['uːə]
na semana passada	sidste uge	[i 'sistə 'uːə]
na próxima semana	i næste uge	[i 'nɛstə 'uːə]
semanal	ugentlig	['uːəntli]
cada semana	hver uge	['vɛɐ̯ 'uːə]
duas vezes por semana	to gange om ugen	['toː 'gɑŋə ɒm 'uːən]
cada terça-feira	hver tirsdag	['vɛɐ̯ ˌtiɐ̯'sda]

20. Horas. Dia e noite

manhã (f)	morgen (f)	['mɒːɒn]
de manhã	om morgenen	[ʌm 'mɒːɒnən]
meio-dia (m)	middag (f)	['medɑ]
à tarde	om eftermiddagen	[ʌm 'ɛftʌmeˌdæ'ən]
noite (f)	aften (f)	['ɑftən]
à noite (noitinha)	om aftenen	[ʌm 'ɑftənən]

noite (f)	nat (f)	['nat]
à noite	om natten	[ʌm 'natən]
meia-noite (f)	midnat (f)	['mið‚nat]

segundo (m)	sekund (i)	[se'kɔn'd]
minuto (m)	minut (i)	[me'nut]
hora (f)	time (f)	['tiːmə]
meia hora (f)	en halv time	[en 'hal' 'tiːmə]
quarto (m) de hora	kvart (f)	['kvaːt]
quinze minutos	femten minutter	['fɛmtən me'nutʌ]
vinte e quatro horas	døgn (i)	['dʌj'n]

nascer (m) do sol	solopgang (f)	['soːl 'ʌp‚gaŋ']
amanhecer (m)	daggry (i)	['daw‚gʁyː]
madrugada (f)	tidlig morgen (f)	['tiðli 'mɒːɒn]
pôr do sol (m)	solnedgang (f)	['soːl 'neð‚gaŋ']

de madrugada	tidligt om morgenen	['tiðlit ʌm 'mɒːɒnən]
hoje de manhã	i morges	[i 'mɒːɒs]
amanhã de manhã	i morgen tidlig	[i 'mɒːɒn 'tiðli]

hoje à tarde	i eftermiddag	[i 'ɛftʌme‚dæ']
à tarde	om eftermiddagen	[ʌm 'ɛftʌme‚dæ'ən]
amanhã à tarde	i morgen eftermiddag	[i 'mɒːɒn 'ɛftʌme‚dæ']

hoje à noite	i aften	[i 'aftən]
amanhã à noite	i morgen aften	[i 'mɒːɒn 'aftən]

às três horas em ponto	klokken tre præcis	['klʌkən tʁɛ pʁɛ'si's]
por volta das quatro	ved fire tiden	[ve 'fi'ʌ 'tiðən]
às doze	ved 12-tiden	[ve 'tʌl 'tiðən]

dentro de vinte minutos	om 20 minutter	[ʌm 'tyːvə me'nutʌ]
dentro duma hora	om en time	[ʌm en 'tiːmə]
a tempo	i tide	[i 'tiːðə]

menos um quarto	kvart i ...	['kvaːt i ...]
durante uma hora	inden for en time	['enən'fʌ en 'tiːmə]
a cada quinze minutos	hvert 15 minut	['vɛ'ɐt 'fɛmtən me'nut]
as vinte e quatro horas	døgnet rundt	['dʌjneð 'ʁɔn't]

21. Meses. Estações

janeiro (m)	januar (f)	['janu‚aː']
fevereiro (m)	februar (f)	['febʁu‚aː']
março (m)	marts (f)	['maːts]
abril (m)	april (f)	[a'pʁiːl]
maio (m)	maj (f)	['maj']
junho (m)	juni (f)	['juːni]

julho (m)	juli (f)	['juːli]
agosto (m)	august (f)	[aw'gɔst]
setembro (m)	september (f)	[sep'tɛm'bʌ]
outubro (m)	oktober (f)	[ok'toːbʌ]

| novembro (m) | november (f) | [noˈvɛmˀbʌ] |
| dezembro (m) | december (f) | [deˈsɛmˀbʌ] |

primavera (f)	forår (i)	[ˈfɒːˌɒˀ]
na primavera	om foråret	[ʌm ˈfɒːˌɒˀð]
primaveril	forårs-	[ˈfɒːɒs-]

verão (m)	sommer (f)	[ˈsʌmʌ]
no verão	om sommeren	[ʌm ˈsʌmʌən]
de verão	sommer-	[ˈsʌmʌ-]

outono (m)	efterår (i)	[ˈɛftʌˌɒˀ]
no outono	om efteråret	[ʌm ˈɛftʌˌɒˀð]
outonal	efterårs-	[ˈɛftʌˌɒs-]

inverno (m)	vinter (f)	[ˈvenˀtʌ]
no inverno	om vinteren	[ʌm ˈvenˀtʌən]
de inverno	vinter-	[ˈventʌ-]

mês (m)	måned (f)	[ˈmɔːnəð]
este mês	i denne måned	[i ˈdɛnə ˈmɔːnəð]
no próximo mês	næste måned	[ˈnɛstə ˈmɔːnəð]
no mês passado	sidste måned	[ˈsistə ˈmɔːnəð]

há um mês	for en måned siden	[fʌ en ˈmɔːnəð ˈsiðən]
dentro de um mês	om en måned	[ʌm en ˈmɔːnəð]
dentro de dois meses	om 2 måneder	[ʌm to ˈmɔːnəðʌ]
todo o mês	en hel måned	[en ˈheːl ˈmɔːnəð]
um mês inteiro	hele måneden	[ˈheːlə ˈmɔːnəðən]

mensal	månedlig	[ˈmɔːnəðli]
mensalmente	månedligt	[ˈmɔːnəðlit]
cada mês	hver måned	[ˈvɛɐ̯ ˈmɔːnəð]
duas vezes por mês	to gange om måneden	[ˈtoː ˈgaŋə ɒm ˈmɔːnəðən]

ano (m)	år (i)	[ˈɒˀ]
este ano	i år	[i ˈɒˀ]
no próximo ano	næste år	[ˈnɛstə ɒˀ]
no ano passado	i fjor	[i ˈfjoˀɐ̯]

há um ano	for et år siden	[fʌ ed ɒˀ ˈsiðən]
dentro dum ano	om et år	[ʌm et ˈɒˀ]
dentro de 2 anos	om 2 år	[ʌm to ˈɒˀ]
todo o ano	hele året	[ˈheːlə ˈɒːɒð]
um ano inteiro	hele året	[ˈheːlə ˈɒːɒð]

cada ano	hvert år	[ˈvɛˀɐ̯t ɒˀ]
anual	årlig	[ˈɒːli]
anualmente	årligt	[ˈɒːlit]
quatro vezes por ano	fire gange om året	[ˈfiˀʌ ˈgaŋə ɒm ˈɒːɒð]

data (~ de hoje)	dato (f)	[ˈdæːto]
data (ex. ~ de nascimento)	dato (f)	[ˈdæːto]
calendário (m)	kalender (f)	[kaˈlɛnˀʌ]
meio ano	et halvt år	[et halˀt ˈɒˀ]
seis meses	halvår (i)	[ˈhalvˌɒˀ]

estação (f)	årstid (f)	['ɒːsˌtið̩]
século (m)	århundrede (i)	[ɒ'hunʁʌðə]

22. Unidades de medida

peso (m)	vægt (f)	['vɛgt]
comprimento (m)	længde (f)	['lɛŋˀdə]
largura (f)	bredde (f)	['bʁɛˀdə]
altura (f)	højde (f)	['hʌjˀdə]
profundidade (f)	dybde (f)	['dybdə]
volume (m)	rumfang (i)	['ʁɔmˌfaŋˀ]
área (f)	areal (i)	[ˌɑːe'æˀl]

grama (m)	gram (i)	['gʁamˀ]
miligrama (m)	milligram (i)	['miliˌgʁamˀ]
quilograma (m)	kilogram (i)	['kiloˌgʁamˀ]
tonelada (f)	ton (i, f)	['tʌnˀ]
libra (453,6 gramas)	pund (i)	['punˀ]
onça (f)	ounce (f)	['awns]

metro (m)	meter (f)	['meˀtʌ]
milímetro (m)	millimeter (f)	['miliˌmeˀtʌ]
centímetro (m)	centimeter (f)	['sɛntiˌmeˀtʌ]
quilómetro (m)	kilometer (f)	['kiloˌmeˀtʌ]
milha (f)	mil (f)	['miˀl]

polegada (f)	tomme (f)	['tʌmə]
pé (304,74 mm)	fod (f)	['foˀð]
jarda (914,383 mm)	yard (f)	['jɑːd]

metro (m) quadrado	kvadratmeter (f)	[kva'dʁɑˀtˌmeˀtʌ]
hectare (m)	hektar (f)	[hɛk'tɑˀ]

litro (m)	liter (f)	['litʌ]
grau (m)	grad (f)	['gʁɑˀð]
volt (m)	volt (f)	['vʌlˀt]
ampere (m)	ampere (f)	[am'pɛːɐ̯]
cavalo-vapor (m)	hestekraft (f)	['hɛstəˌkʁɑft]

quantidade (f)	mængde (f)	['mɛŋˀdə]
um pouco de ...	lidt ...	['let ...]
metade (f)	halvdel (f)	['haldeˀl]

dúzia (f)	dusin (i)	[du'siˀn]
peça (f)	stykke (i)	['støkə]

dimensão (f)	størrelse (f)	['stœʁʌlsə]
escala (f)	målestok (f)	['mɔːləˌstʌk]

mínimo	minimal	[mini'mæˀl]
menor, mais pequeno	mindst	['menˀst]
médio	middel	['miðˀəl]
máximo	maksimal	[maksi'mæˀl]
maior, mais grande	størst	['stœʁ̥st]

23. Recipientes

boião (m) de vidro	glaskrukke (f)	['glasˌkʁɔkə]
lata (~ de cerveja)	dåse (f)	['dɔːsə]
balde (m)	spand (f)	['spanʔ]
barril (m)	tønde (f)	['tønə]
bacia (~ de plástico)	balje (f)	['baljə]
tanque (m)	tank (f)	['tɑŋʔk]
cantil (m) de bolso	lommelærke (f)	['lʌməˌlæɐ̯kə]
bidão (m) de gasolina	dunk (f)	['dɔŋʔk]
cisterna (f)	tank (f)	['tɑŋʔk]
caneca (f)	krus (i)	['kʁuʔs]
chávena (f)	kop (f)	['kʌp]
pires (m)	underkop (f)	['ɔnʌˌkʌp]
copo (m)	glas (i)	['glas]
taça (f) de vinho	vinglas (i)	['viːnˌglas]
panela, caçarola (f)	gryde (f)	['gʁyːðə]
garrafa (f)	flaske (f)	['flaskə]
gargalo (m)	flaskehals (f)	['flaskəˌhalʔs]
jarro, garrafa (f)	karaffel (f)	[kɑ'ʁɑfəl]
jarro (m) de barro	kande (f)	['kanə]
recipiente (m)	beholder (f)	[be'hʌlʔʌ]
pote (f)	potte (f)	['pʌtə]
vaso (m)	vase (f)	['væːsə]
frasco (~ de perfume)	flakon (f)	[fla'kʌŋ]
frasquinho (ex. ~ de iodo)	flaske (f)	['flaskə]
tubo (~ de pasta dentífrica)	tube (f)	['tuːbə]
saca (ex. ~ de açúcar)	sæk (f)	['sɛk]
saco (~ de plástico)	pose (f)	['poːsə]
maço (m)	pakke (f)	['pɑkə]
caixa (~ de sapatos, etc.)	æske (f)	['ɛskə]
caixa (~ de madeira)	kasse (f)	['kasə]
cesta (f)	kurv (f)	['kuɐ̯ʔw]

O SER HUMANO

O ser humano. O corpo

24. Cabeça

Português	Dinamarquês	Pronúncia
cabeça (f)	hoved (i)	['ho:əð]
cara (f)	ansigt (i)	['ansegt]
nariz (m)	næse (f)	['nɛ:sə]
boca (f)	mund (f)	['mɔnʔ]
olho (m)	øje (i)	['ʌjə]
olhos (m pl)	øjne (i pl)	['ʌjnə]
pupila (f)	pupil (f)	[pu'pilʔ]
sobrancelha (f)	øjenbryn (i)	['ʌjənˌbʁyʔn]
pestana (f)	øjenvippe (f)	['ʌjənˌvepə]
pálpebra (f)	øjenlåg (i)	['ʌjənˌlɔʔw]
língua (f)	tunge (f)	['tɔŋə]
dente (m)	tand (f)	['tanʔ]
lábios (m pl)	læber (f pl)	['lɛ:bʌ]
maçãs (f pl) do rosto	kindben (i pl)	['kenˌbeʔn]
gengiva (f)	tandkød (i)	['tanˌkøð]
palato (m)	gane (f)	['gæ:nə]
narinas (f pl)	næsebor (i pl)	['nɛ:səˌboʔɐ̯]
queixo (m)	hage (f)	['hæ:jə]
mandíbula (f)	kæbe (f)	['kɛ:bə]
bochecha (f)	kind (f)	['kenʔ]
testa (f)	pande (f)	['panə]
têmpora (f)	tinding (f)	['teneŋ]
orelha (f)	øre (i)	['ø:ʌ]
nuca (f)	nakke (f)	['nakə]
pescoço (m)	hals (f)	['halʔs]
garganta (f)	strube, hals (f)	['stʁu:bə], ['halʔs]
cabelos (m pl)	hår (i pl)	['hɒʔ]
penteado (m)	frisure (f)	[fʁi'syʔʌ]
corte (m) de cabelo	klipning (f)	['klepneŋ]
peruca (f)	paryk (f)	[pɑ'ʁœk]
bigode (m)	moustache (f)	[mu'stæ:ɕ]
barba (f)	skæg (i)	['skɛʔg]
usar, ter (~ barba, etc.)	at have	[ʌ 'hæ:və]
trança (f)	fletning (f)	['flɛtneŋ]
suíças (f pl)	bakkenbart (f)	['bakənˌbɑʔt]
ruivo	rødhåret	['ʁœðˌhɒʔʊð]
grisalho	grå	['gʁɔʔ]

calvo	skaldet	['skaləð]
calva (f)	skaldet plet (f)	['skaləð‚plɛt]
rabo-de-cavalo (m)	hestehale (f)	['hɛstə‚hæːlə]
franja (f)	pandehår (i)	['panə‚hɒˀ]

25. Corpo humano

mão (f)	hånd (f)	['hʌnˀ]
braço (m)	arm (f)	['ɑˀm]

dedo (m)	finger (f)	['feŋˀʌ]
dedo (m) do pé	tå (f)	['tɔˀ]
polegar (m)	tommel (f)	['tʌməl]
dedo (m) mindinho	lillefinger (f)	['lilə‚feŋˀʌ]
unha (f)	negl (f)	['nɑjˀl]

punho (m)	knytnæve (f)	['knyt‚nɛːvə]
palma (f) da mão	håndflade (f)	['hʌn‚flæːðə]
pulso (m)	håndled (i)	['hʌn‚leð]
antebraço (m)	underarm (f)	['ɔnʌ‚ɑːm]
cotovelo (m)	albue (f)	['al‚buːə]
ombro (m)	skulder (f)	['skulʌ]

perna (f)	ben (i)	['beˀn]
pé (m)	fod (f)	['foˀð]
joelho (m)	knæ (i)	['knɛˀ]
barriga (f) da perna	læg (f)	['lɛˀg]
anca (f)	hofte (f)	['hʌftə]
calcanhar (m)	hæl (f)	['hɛˀl]

corpo (m)	krop (f)	['kʁʌp]
barriga (f)	mave (f)	['mæːvə]
peito (m)	bryst (i)	['bʁœst]
seio (m)	bryst (i)	['bʁœst]
lado (m)	side (f)	['siːðə]
costas (f pl)	ryg (f)	['ʁœg]
região (f) lombar	lænderyg (f)	['lɛnə‚ʁœg]
cintura (f)	midje, talje (f)	['miðjə], ['taljə]

umbigo (m)	navle (f)	['nɑwlə]
nádegas (f pl)	baller, balder (f pl)	['balʌ]
traseiro (m)	bag (f)	['bæˀj]

sinal (m)	skønhedsplet (f)	['skœnheðs‚plɛt]
sinal (m) de nascença	modermærke (i)	['moːðʌ'mæɐ̯kə]
tatuagem (f)	tatovering (f)	[tato'veˀɐ̯eŋ]
cicatriz (f)	ar (i)	['ɑˀ]

Vestuário & Acessórios

26. Roupa exterior. Casacos

roupa (f)	tøj (i), klæder (i pl)	['tʌj], ['klɛːðʌ]
roupa (f) exterior	overtøj (i)	['ɒwʌˌtʌj]
roupa (f) de inverno	vintertøj (i)	['ventʌˌtʌj]
sobretudo (m)	frakke (f)	['fʁɑkə]
casaco (m) de peles	pels (f), pelskåbe (f)	['pɛl's], ['pɛlsˌkɔːbə]
casaco curto (m) de peles	pelsjakke (f)	['pɛlsˌjɑkə]
casaco (m) acolchoado	dynejakke (f)	['dyːnəˌjɑkə]
casaco, blusão (m)	jakke (f)	['jɑkə]
impermeável (m)	regnfrakke (f)	['ʁɑjnˌfʁɑkə]
impermeável	vandtæt	['vanˌtɛt]

27. Vestuário de homem & mulher

camisa (f)	skjorte (f)	['skjoʁtə]
calças (f pl)	bukser (pl)	['bɔksʌ]
calças (f pl) de ganga	jeans (pl)	['djiːns]
casaco (m) de fato	jakke (f)	['jɑkə]
fato (m)	jakkesæt (i)	['jɑkəˌsɛt]
vestido (ex. ~ vermelho)	kjole (f)	['kjoːlə]
saia (f)	nederdel (f)	['neðʌˌdeʔl]
blusa (f)	bluse (f)	['bluːsə]
casaco (m) de malha	strikket trøje (f)	['stʁɛkəð 'tʁʌjə]
casaco, blazer (m)	blazer (f)	['blɛjsʌ]
T-shirt, camiseta (f)	t-shirt (f)	['tiːˌɕœːt]
calções (Bermudas, etc.)	shorts (pl)	['ɕɒːts]
fato (m) de treino	træningsdragt (f)	['tʁɛːneŋsˌdʁɑgt]
roupão (m) de banho	badekåbe (f)	['bæːðəˌkɔːbə]
pijama (m)	pyjamas (f)	[pyˈjæːmas]
suéter (m)	sweater (f)	['swɛtʌ]
pulôver (m)	pullover (f)	[pulˈɔwʌ]
colete (m)	vest (f)	['vɛst]
fraque (m)	kjolesæt (i)	['kjoːləˌsɛt]
smoking (m)	smoking (f)	['smoːkeŋ]
uniforme (m)	uniform (f)	[uniˈfɒʔm]
roupa (f) de trabalho	arbejdstøj (i)	['ɑːbajdsˌtʌj]
fato-macaco (m)	kedeldragt, overall (f)	['keðəlˌdʁɑgt], ['ɒwɒˌɒːl]
bata (~ branca, etc.)	kittel (f)	['kitəl]

28. Vestuário. Roupa interior

roupa (f) interior	undertøj (i)	['ɔnʌˌtʌj]
cuecas boxer (f pl)	boxershorts (pl)	['bʌgsʌˌɕɒːts]
cuecas (f pl)	trusser (pl)	['tʁusʌ]
camisola (f) interior	undertrøje (f)	['ɔnʌˌtʁʌjə]
peúgas (f pl)	sokker (f pl)	['sʌkʌ]
camisa (f) de noite	natkjole (f)	['natˌkjoːlə]
sutiã (m)	bh (f), brystholder (f)	[be'hɔˀ], ['bʁœstˌhʌlˀʌ]
meias longas (f pl)	knæstrømper (f pl)	['knɛˌstʁœmpʌ]
meia-calça (f)	strømpebukser (pl)	['stʁœmbəˌbɔksʌ]
meias (f pl)	strømper (f pl)	['stʁœmpʌ]
fato (m) de banho	badedragt (f)	['bæːðəˌdʁɑgt]

29. Adereços de cabeça

chapéu (m)	hue (f)	['huːə]
chapéu (m) de feltro	hat (f)	['hat]
boné (m) de beisebol	baseballkasket (f)	['bɛjsˌbɒːl ka'skɛt]
boné (m)	kasket (f)	[ka'skɛt]
boina (f)	baskerhue (f)	['bɑːskʌˌhuːə]
capuz (m)	hætte (f)	['hɛtə]
panamá (m)	panamahat (f)	['panˀamaˌhat]
gorro (m) de malha	strikhue (f)	['stʁɛkˌhuə]
lenço (m)	tørklæde (i)	['tœɐ̯ˌklɛːðə]
chapéu (m) de mulher	hat (f)	['hat]
capacete (m) de proteção	hjelm (f)	['jɛlˀm]
bibico (m)	skråhue (f)	['skʁʌˌhuːə]
capacete (m)	hjelm (f)	['jɛlˀm]
chapéu-coco (m)	bowlerhat (f)	['bɔwlʌˌhat]
chapéu (m) alto	høj hat (f)	['hʌj 'hat]

30. Calçado

calçado (m)	sko (f)	['skoˀ]
botinas (f pl)	støvler (f pl)	['stœwlʌ]
sapatos (de salto alto, etc.)	damesko (f pl)	['dæːməˌskoː]
botas (f pl)	støvler (f pl)	['stœwlʌ]
pantufas (f pl)	hjemmesko (f pl)	['jɛməˌskoˀ]
ténis (m pl)	tennissko, kondisko (f pl)	['tɛnisˌskoˀ], ['kʌndiˌskoˀ]
sapatilhas (f pl)	kanvas sko (f pl)	['kanvas ˌskoˀ]
sandálias (f pl)	sandaler (f pl)	[san'dæːˀlʌ]
sapateiro (m)	skomager (f)	['skoˌmæˀjʌ]
salto (m)	hæl (f)	['hɛˀl]

par (m)	par (i)	['pɑ]
atacador (m)	snøre (f)	['snœːʌ]
apertar os atacadores	at snøre	[ʌ 'snœːʌ]
calçadeira (f)	skohorn (i)	['skoˌhoɐ̯ˀn]
graxa (f) para calçado	skocreme (f)	['skoˌkʁɛˀm]

31. Acessórios pessoais

luvas (f pl)	handsker (f pl)	['hanskʌ]
mitenes (f pl)	vanter (f pl)	['vanˀtʌ]
cachecol (m)	halstørklæde (i)	['halsˈtœɐ̯ˌklɛːðə]

óculos (m pl)	briller (pl)	['bʁɛlʌ]
armação (f) de óculos	brillestel (i)	['bʁɛləˌstɛlˀ]
guarda-chuva (m)	paraply (f)	[pɑɑ'plyˀ]
bengala (f)	stok (f)	['stʌk]
escova (f) para o cabelo	hårbørste (f)	['hɒˌbœɐ̯stə]
leque (m)	vifte (f)	['veftə]

gravata (f)	slips (i)	['sleps]
gravata-borboleta (f)	butterfly (f)	['bʌtʌˌflɑj]
suspensórios (m pl)	seler (f pl)	['seːlʌ]
lenço (m)	lommetørklæde (i)	['lʌməˌtœɐ̯klɛːðə]

pente (m)	kam (f)	['kɑmˀ]
travessão (m)	hårspænde (i)	['hɒːˌspɛnə]
gancho (m) de cabelo	hårnål (f)	['hɒːˌnɔˀl]
fivela (f)	spænde (i)	['spɛnə]

| cinto (m) | bælte (i) | ['bɛltə] |
| correia (f) | rem (f) | ['ʁamˀ] |

mala (f)	taske (f)	['taskə]
mala (f) de senhora	dametaske (f)	['dæːmeːˌtaskə]
mochila (f)	rygsæk (f)	['ʁœgˌsɛk]

32. Vestuário. Diversos

moda (f)	mode (f)	['moːðə]
na moda	moderigtig	['moːðəˌʁɛgti]
estilista (m)	modedesigner (f)	['moːðə de'sɑjnʌ]

colarinho (m), gola (f)	krave (f)	['kʁɑːvə]
bolso (m)	lomme (f)	['lʌmə]
de bolso	lomme-	['lʌmə-]
manga (f)	ærme (i)	['æɐ̯mə]
alcinha (f)	strop (f)	['stʁʌp]
braguilha (f)	gylp (f)	['gylˀp]

fecho (m) de correr	lynlås (f)	['lynˌlɔˀs]
fecho (m), colchete (m)	hægte, lukning (f)	['hɛgtə], ['lɔknen]
botão (m)	knap (f)	['knɑp]

casa (f) de botão	knaphul (i)	['knap,hɔl]
soltar-se (vr)	at falde af	[ʌ 'falə 'æˀ]

coser, costurar (vi)	at sy	[ʌ syˀ]
bordar (vt)	at brodere	[ʌ bʁo'deˀʌ]
bordado (m)	broderi (i)	[bʁodʌ'ʁiˀ]
agulha (f)	synål (f)	['sy,nɔˀl]
fio (m)	tråd (f)	['tʁɔˀð]
costura (f)	søm (f)	['sœmˀ]

sujar-se (vr)	at smudse sig til	[ʌ 'smusə sɑ 'tel]
mancha (f)	plet (f)	['plɛt]
engelhar-se (vr)	at blive krøllet	[ʌ 'bli:ə 'kʁœləð]
rasgar (vt)	at rive	[ʌ 'ʁi:və]
traça (f)	møl (i)	['møl]

33. Cuidados pessoais. Cosméticos

pasta (f) de dentes	tandpasta (f)	['tan,pasta]
escova (f) de dentes	tandbørste (f)	['tan,bœɐ̯stə]
escovar os dentes	at børste tænder	[ʌ 'bœɐ̯stə 'tɛnʌ]

máquina (f) de barbear	skraber (f)	['skʁɑ:bʌ]
creme (m) de barbear	barbercreme (f)	[bɑ'bəˀɐ̯,kʁɛˀm]
barbear-se (vr)	at barbere sig	[ʌ bɑ'beˀʌ sɑj]

sabonete (m)	sæbe (f)	['sɛ:bə]
champô (m)	shampoo (f)	['ɕæ:m,pu:]

tesoura (f)	saks (f)	['sɑks]
lima (f) de unhas	neglefil (f)	['nɑjlə,fiˀl]
corta-unhas (m)	neglesaks (f)	['nɑjlə,sɑks]
pinça (f)	pincet (f)	[pen'sɛt]

cosméticos (m pl)	kosmetik (f)	[kʌsmə'tik]
máscara (f) facial	ansigtsmaske (f)	['ansegts 'maskə]
manicura (f)	manicure (f)	[mani'ky:ʌ]
fazer a manicura	at få manicure	[ʌ 'fɔˀ mani'ky:ʌ]
pedicure (f)	pedicure (f)	[pedi'ky:ʌ]

mala (f) de maquilhagem	kosmetiktaske (f)	[kʌsmə'tik,taskə]
pó (m)	pudder (i)	['puðˀʌ]
caixa (f) de pó	pudderdåse (f)	['puðʌ,dɔ:sə]
blush (m)	rouge (f)	['ʁu:ɕ]

perfume (m)	parfume (f)	[pɑ'fy:mə]
água (f) de toilette	eau de toilette (f)	[,odətoɑ'lɛt]
loção (f)	lotion (f)	['lowɕən]
água-de-colónia (f)	eau de cologne (f)	[odəko'lʌnjə]

sombra (f) de olhos	øjenskygge (f)	['ʌjən,skygə]
lápis (m) delineador	eyeliner (f)	['ɑ:j,lɑjnʌ]
máscara (f), rímel (m)	mascara (f)	[ma'skɑ:ɑ]
batom (m)	læbestift (f)	['lɛ:bə,steft]

verniz (m) de unhas	neglelak (f)	['najlə‚lak]
laca (f) para cabelos	hårspray (f)	['hɒːˌspʁɛj]
desodorizante (m)	deodorant (f)	[deodo'ʁanˀt]

creme (m)	creme (f)	['kʁɛˀm]
creme (m) de rosto	ansigtscreme (f)	['ansegts 'kʁɛˀm]
creme (m) de mãos	håndcreme (f)	['hʌnˌkʁɛˀm]
creme (m) antirrugas	antirynke creme (f)	[antə'ʁœŋkə 'kʁɛˀm]
creme (m) de dia	dagcreme (f)	['dɑwˌkʁɛˀm]
creme (m) de noite	natcreme (f)	['natˌkʁɛˀm]
de dia	dag-	['dɑw-]
da noite	nat-	['nat-]

tampão (m)	tampon (f)	[tɑm'pʌŋ]
papel (m) higiénico	toiletpapir (i)	[toa'lɛt pa'piɐ̯ˀ]
secador (m) elétrico	hårtørrer (f)	['hɒːˌtœɐ̯ʌ]

34. Relógios de pulso. Relógios

relógio (m) de pulso	armbåndsur (i)	['ɑːmbʌnsˌuɐ̯ˀ]
mostrador (m)	urskive (f)	['uɐ̯ˌskiːvə]
ponteiro (m)	viser (f)	['viːsʌ]
bracelete (f) em aço	armbånd (i)	['ɑːmˌbʌnˀ]
bracelete (f) em couro	urrem (f)	['uɐ̯ˌʁamˀ]

pilha (f)	batteri (i)	[batʌ'ʁiˀ]
descarregar-se	at blive afladet	[ʌ 'bliːə 'ɑwˌlæˀðəð]
trocar a pilha	at skifte et batteri	[ʌ 'skiftə et batʌ'ʁiˀ]
estar adiantado	at gå for hurtigt	[ʌ gɔˀ fʌ 'hoɐ̯tit]
estar atrasado	at gå for langsomt	[ʌ gɔˀ fʌ 'laŋˌsʌmt]

relógio (m) de parede	vægur (i)	['vɛːgˌuɐ̯ˀ]
ampulheta (f)	timeglas (i)	['tiːməˌglas]
relógio (m) de sol	solur (i)	['soːlˌuɐ̯ˀ]
despertador (m)	vækkeur (i)	['vɛkəˌuɐ̯ˀ]
relojoeiro (m)	urmager (f)	['uɐ̯ˌmæˀjʌ]
reparar (vt)	at reparere	[ʌ ʁɛpəˀʁɛˀʌ]

Alimentação. Nutrição

35. Comida

carne (f)	kød (i)	['køð]
galinha (f)	høne (f)	['hœ:nə]
frango (m)	kylling (f)	['kyleŋ]
pato (m)	and (f)	['an']
ganso (m)	gås (f)	['gɔ's]
caça (f)	vildt (i)	['vil't]
peru (m)	kalkun (f)	[kal'ku'n]
carne (f) de porco	flæsk (i)	['flɛsk]
carne (f) de vitela	kalvekød (i)	['kalvə,køð]
carne (f) de carneiro	lammekød (i)	['lamə,køð]
carne (f) de vaca	oksekød (i)	['ʌksə,køð]
carne (f) de coelho	kanin (f)	[ka'ni'n]
chouriço, salsichão (m)	pølse (f)	['pølsə]
salsicha (f)	wienerpølse (f)	['vi'nʌ,pølsə]
bacon (m)	bacon (i, f)	['bɛjkʌn]
fiambre (f)	skinke (f)	['skeŋkə]
presunto (m)	skinke (f)	['skeŋkə]
patê (m)	pate, paté (f)	[pa'te]
fígado (m)	lever (f)	['lew'ʌ]
carne (f) moída	kødfars (f)	['køð,fa's]
língua (f)	tunge (f)	['tɔŋə]
ovo (m)	æg (i)	['ɛ'g]
ovos (m pl)	æg (i pl)	['ɛ'g]
clara (f) do ovo	hvide (f)	['vi:ðə]
gema (f) do ovo	blomme (f)	['blʌmə]
peixe (m)	fisk (f)	['fesk]
mariscos (m pl)	fisk og skaldyr	[fesk 'ɒw 'skaldyɐ']
crustáceos (m pl)	krebsdyr (i pl)	['kʁabs,dyɐ']
caviar (m)	kaviar (f)	['kavi,ɑ']
caranguejo (m)	krabbe (f)	['kʁabə]
camarão (m)	reje (f)	['ʁajə]
ostra (f)	østers (f)	['østʌs]
lagosta (f)	languster (f)	[laŋ'gustʌ]
polvo (m)	blæksprutte (f)	['blɛk,spʁutə]
lula (f)	blæksprutte (f)	['blɛk,spʁutə]
esturjão (m)	stør (f)	['stø'ɐ]
salmão (m)	laks (f)	['laks]
halibute (m)	helleflynder (f)	['hɛlə,flønʌ]
bacalhau (m)	torsk (f)	['tɒ:sk]

cavala, sarda (f)	**makrel** (f)	[mɑ'kʁalˀ]
atum (m)	**tunfisk** (f)	['tuːnˌfesk]
enguia (f)	**ål** (f)	['ɔˀl]
truta (f)	**ørred** (f)	['œɐ̯ʌð]
sardinha (f)	**sardin** (f)	[sɑ'diˀn]
lúcio (m)	**gedde** (f)	['geðə]
arenque (m)	**sild** (f)	['silˀ]
pão (m)	**brød** (i)	['bʁœðˀ]
queijo (m)	**ost** (f)	['ɔst]
açúcar (m)	**sukker** (i)	['sɔkʌ]
sal (m)	**salt** (i)	['salˀt]
arroz (m)	**ris** (f)	['ʁiˀs]
massas (f pl)	**pasta** (f)	['pasta]
talharim (m)	**nudler** (f pl)	['nuðˀlʌ]
manteiga (f)	**smør** (i)	['smœɐ̯]
óleo (m) vegetal	**vegetabilsk olie** (f)	[vegəta'biˀlsk 'oljə]
óleo (m) de girassol	**solsikkeolie** (f)	['soːlˌsekə ˌoljə]
margarina (f)	**margarine** (f)	[mɑgɑ'ʁiːnə]
azeitonas (f pl)	**oliven** (f pl)	[o'liˀvən]
azeite (m)	**olivenolie** (f)	[o'liˀvənˌoljə]
leite (m)	**mælk** (f)	['mɛlˀk]
leite (m) condensado	**kondenseret mælk** (f)	[kʌndən'seˀʌð mɛlˀk]
iogurte (m)	**yoghurt** (f)	['joˌguɐ̯ˀt]
nata (f) azeda	**cremefraiche, syrnet fløde** (f)	[kʁɛːm'fʁɛːɕ], ['syɐ̯nəð 'fløːðə]
nata (f) do leite	**fløde** (f)	['fløːðə]
maionese (f)	**mayonnaise** (f)	[majo'nɛːs]
creme (m)	**creme** (f)	['kʁɛˀm]
grãos (m pl) de cereais	**gryn** (i)	['gʁyˀn]
farinha (f)	**mel** (i)	['meˀl]
enlatados (m pl)	**konserves** (f)	[kɔn'sæɐ̯vəs]
flocos (m pl) de milho	**cornflakes** (pl)	['kɔɐ̯nˌflɛks]
mel (m)	**honning** (f)	['hʌneŋ]
doce (m)	**syltetøj** (i)	['syltəˌtʌj]
pastilha (f) elástica	**tyggegummi** (i)	['tygəˌgomi]

36. Bebidas

água (f)	**vand** (i)	['vanˀ]
água (f) potável	**drikkevand** (i)	['dʁɛkəˌvanˀ]
água (f) mineral	**mineralvand** (i)	[minə'ʁalˌvanˀ]
sem gás	**uden brus**	['uðən 'bʁuˀs]
gaseificada	**med kulsyre**	[mɛ 'bʁuˀs]
com gás	**med brus**	[mɛ 'bʁuˀs]

gelo (m)	is (f)	['i's]
com gelo	med is	[mɛ 'i's]

sem álcool	alkoholfri	['alkohʌlˌfʁi']
bebida (f) sem álcool	alkoholfri drik (f)	['alkohʌlˌfʁi' 'dʁɛk]
refresco (m)	læskedrik (f)	['lɛskəˌdʁɛk]
limonada (f)	limonade (f)	[limo'næ:ðə]

bebidas (f pl) alcoólicas	alkoholiske drikke (f pl)	[alko'ho'liskə 'dʁɛkə]
vinho (m)	vin (f)	['vi'n]
vinho (m) branco	hvidvin (f)	['viðˌvi'n]
vinho (m) tinto	rødvin (f)	['ʁœðˌvi'n]

licor (m)	likør (f)	[li'kø'ɐ̯]
champanhe (m)	champagne (f)	[ɕɑm'panjə]
vermute (m)	vermouth (f)	['væɐ̯mut]

uísque (m)	whisky (f)	['wiski]
vodka (f)	vodka (f)	['vʌdka]
gim (m)	gin (f)	['djen]
conhaque (m)	cognac, konjak (f)	['kʌn'jɑg]
rum (m)	rom (f)	['ʁʌm']

café (m)	kaffe (f)	['kɑfə]
café (m) puro	sort kaffe (f)	['soɐ̯t 'kɑfə]
café (m) com leite	kaffe (f) med mælk	['kɑfə mɛ 'mɛl'k]
cappuccino (m)	cappuccino (f)	[kɑpu'tji:no]
café (m) solúvel	pulverkaffe (f)	['pɔlvʌˌkɑfə]

leite (m)	mælk (f)	['mɛl'k]
coquetel (m)	cocktail (f)	['kʌkˌtɛjl]
batido (m) de leite	milkshake (f)	['milkˌɕɛjk]

sumo (m)	juice (f)	['dʒu:s]
sumo (m) de tomate	tomatjuice (f)	[to'mæ:tˌdʒu:s]
sumo (m) de laranja	appelsinjuice (f)	[ɑpəl'si'n 'dʒu:s]
sumo (m) fresco	friskpresset juice (f)	['fʁɛskˌpʁasəð 'dʒu:s]

cerveja (f)	øl (i)	['øl]
cerveja (f) clara	lyst øl (i)	['lyst ˌøl]
cerveja (f) preta	mørkt øl (i)	['mœɐ̯kt ˌøl]

chá (m)	te (f)	['te']
chá (m) preto	sort te (f)	['soɐ̯t ˌte']
chá (m) verde	grøn te (f)	['gʁœn' ˌte']

37. Vegetais

legumes (m pl)	grøntsager (pl)	['gʁœntˌsæ'jʌ]
verduras (f pl)	grønt (i)	['gʁœn't]

tomate (m)	tomat (f)	[to'mæ't]
pepino (m)	agurk (f)	[a'guɐ̯k]
cenoura (f)	gulerod (f)	['guləˌʁo'ð]

batata (f)	kartoffel (f)	[kɑ'tʌfəl]
cebola (f)	løg (i)	['lʌjˀ]
alho (m)	hvidløg (i)	['við‚lʌjˀ]

couve (f)	kål (f)	['kɔˀl]
couve-flor (f)	blomkål (f)	['blʌm‚kɔˀl]
couve-de-bruxelas (f)	rosenkål (f)	['ʁo:sən‚kɔˀl]
brócolos (m pl)	broccoli (f)	['bʁʌkoli]

beterraba (f)	rødbede (f)	[ʁœð'be:ðə]
beringela (f)	aubergine (f)	[obæɐ̯'ɕi:n]
curgete (f)	squash, zucchini (f)	['sgwʌɕ], [su'ki:ni]
abóbora (f)	græskar (i)	['gʁaskɑ]
nabo (m)	majroe (f)	['mɑj‚ʁo:ə]

salsa (f)	persille (f)	[pæɐ̯'selə]
funcho, endro (m)	dild (f)	['dilˀ]
alface (f)	salat (f)	[sa'læˀt]
aipo (m)	selleri (f)	['selʌ‚ʁiˀ]
espargo (m)	asparges (f)	[a'spɑˀs]
espinafre (m)	spinat (f)	[spi'næˀt]

ervilha (f)	ærter (f pl)	['æɐ̯ˀtʌ]
fava (f)	bønner (f pl)	['bœnʌ]
milho (m)	majs (f)	['mɑjˀs]
feijão (m)	bønne (f)	['bœnə]

pimentão (m)	peber (i, f)	['pewʌ]
rabanete (m)	radiser (f pl)	[ʁa'disə]
alcachofra (f)	artiskok (f)	[‚ɑ:ti'skʌk]

38. Frutos. Nozes

fruta (f)	frugt (f)	['fʁɔgt]
maçã (f)	æble (i)	['ɛˀblə]
pera (f)	pære (f)	['pɛˀʌ]
limão (m)	citron (f)	[si'tʁoˀn]
laranja (f)	appelsin (f)	[ɑpəl'siˀn]
morango (m)	jordbær (i)	['joɐ̯‚bæɐ̯]

tangerina (f)	mandarin (f)	[mandɑ'ʁiˀn]
ameixa (f)	blomme (f)	['blʌmə]
pêssego (m)	fersken (f)	['fæɐ̯skən]
damasco (m)	abrikos (f)	[ɑbʁi'koˀs]
framboesa (f)	hindbær (i)	['hen‚bæɐ̯]
ananás (m)	ananas (f)	['ananas]

banana (f)	banan (f)	[ba'næˀn]
melancia (f)	vandmelon (f)	['van me'loˀn]
uva (f)	drue (f)	['dʁu:ə]
ginja (f)	kirsebær (i)	['kiɐ̯sə‚bæɐ̯]
cereja (f)	morel (f)	[mo'ʁalˀ]
meloa (f)	melon (f)	[me'loˀn]
toranja (f)	grapefrugt (f)	['gʁɛjp‚fʁɔgt]

abacate (m)	avokado (f)	[avo'kæ:do]
papaia (f)	papaja (f)	[pa'paja]
manga (f)	mango (f)	['maŋgo]
romã (f)	granatæble (i)	[gʁa'næˀtˌɛ:blə]
groselha (f) vermelha	ribs (i, f)	['ʁɛbs]
groselha (f) preta	solbær (i)	['so:lˌbæɐ̯]
groselha (f) espinhosa	stikkelsbær (i)	['stekəlsˌbæɐ̯]
mirtilo (m)	blåbær (i)	['blɔˀˌbæɐ̯]
amora silvestre (f)	brombær (i)	['bʁɔmˌbæɐ̯]
uvas (f pl) passas	rosin (f)	[ʁo'siˀn]
figo (m)	figen (f)	['fi:ən]
tâmara (f)	daddel (f)	['daðˀəl]
amendoim (m)	jordnød (f)	['joɐ̯ˌnøðˀ]
amêndoa (f)	mandel (f)	['manˀəl]
noz (f)	valnød (f)	['valˌnøðˀ]
avelã (f)	hasselnød (f)	['hasəlˌnøðˀ]
coco (m)	kokosnød (f)	['ko:kosˌnøðˀ]
pistáchios (m pl)	pistacier (f pl)	[pi'stæ:ɕʌ]

39. Pão. Bolaria

pastelaria (f)	konditorvarer (f pl)	[kʌn'ditʌˌvɑ:ɑ]
pão (m)	brød (i)	['bʁœðˀ]
bolacha (f)	småkager (f pl)	['smʌˌkæ:jʌ]
chocolate (m)	chokolade (f)	[ɕoko'læ:ðə]
de chocolate	chokolade-	[ɕoko'læ:ðə-]
rebuçado (m)	konfekt, karamel (f)	[kɔn'fɛkt], [kɑɑ'mɛlˀ]
bolo (cupcake, etc.)	kage (f)	['kæ:jə]
bolo (m) de aniversário	lagkage (f)	['lɑwˌkæ:jə]
tarte (~ de maçã)	pie (f)	['pɑ:j]
recheio (m)	fyld (i, f)	['fylˀ]
doce (m)	syltetøj (i)	['syltəˌtʌj]
geleia (f) de frutas	marmelade (f)	[mɑmə'læ:ðə]
waffle (m)	vaffel (f)	['vɑfəl]
gelado (m)	is (f)	['iˀs]
pudim (m)	budding (f)	['buðeŋ]

40. Pratos cozinhados

prato (m)	ret (f)	['ʁat]
cozinha (~ portuguesa)	køkken (i)	['køkən]
receita (f)	opskrift (f)	['ʌpˌskʁɛft]
porção (f)	portion (f)	[pɒ'ɕoˀn]
salada (f)	salat (f)	[sa'læˀt]
sopa (f)	suppe (f)	['sɔpə]

caldo (m)	bouillon (f)	[bul'jʌŋ]
sandes (f)	smørrebrød (i)	['smœɐ̯ʌˌbʁœð']
ovos (m pl) estrelados	spejlæg (i)	['spɑjlˌɛ'g]

| hambúrguer (m) | hamburger (f) | ['hæːmˌbœːgʌ] |
| bife (m) | bøf (f) | ['bøf] |

conduto (m)	tilbehør (i)	['telbeˌhøʔɐ̯]
espaguete (m)	spaghetti (f)	[spa'gɛti]
puré (m) de batata	kartoffelmos (f)	[kɑ'tʌfəlˌmɔs]
pizza (f)	pizza (f)	['pidsa]
papa (f)	grød (f)	['gʁœð']
omelete (f)	omelet (f)	[omə'lɛt]

cozido em água	kogt	['kʌgt]
fumado	røget	['ʁʌjəð]
frito	stegt	['stɛgt]
seco	tørret	['tœɐ̯ʌð]
congelado	frossen	['fʁɔsən]
em conserva	syltet	['syltəð]

doce (açucarado)	sød	['søð']
salgado	saltet	['saltəð]
frio	kold	['kʌlʔ]
quente	hed, varm	['heð'], ['vɑʔm]
amargo	bitter	['betʌ]
gostoso	lækker	['lɛkʌ]

cozinhar (em água a ferver)	at koge	[ʌ 'kɔːwə]
fazer, preparar (vt)	at lave	[ʌ 'læːvə]
fritar (vt)	at stege	[ʌ 'stɑjə]
aquecer (vt)	at varme op	[ʌ 'vɑːmə ʌp]

salgar (vt)	at salte	[ʌ 'saltə]
apimentar (vt)	at pebre	[ʌ 'pewʁʌ]
ralar (vt)	at rive	[ʌ 'ʁiːvə]
casca (f)	skal, skræl (f)	['skalʔ], ['skʁalʔ]
descascar (vt)	at skrælle	[ʌ 'skʁalə]

41. Especiarias

sal (m)	salt (i)	['salʔt]
salgado	saltet	['saltəð]
salgar (vt)	at salte	[ʌ 'saltə]

pimenta (f) preta	sort peber (i, f)	['soɐ̯t 'pewʌ]
pimenta (f) vermelha	rød peber (i, f)	['ʁœð 'pewʌ]
mostarda (f)	sennep (f)	['senʌp]
raiz-forte (f)	peberrod (f)	['pewʌˌʁoʔð]

condimento (m)	krydderi (i)	[kʁyðʌ'ʁiʔ]
especiaria (f)	krydderi (i)	[kʁyðʌ'ʁiʔ]
molho (m)	sovs, sauce (f)	['sɒwʔs]
vinagre (m)	eddike (f)	['ɛðikə]

anis (m)	anis (f)	['anis]
manjericão (m)	basilikum (f)	[ba'silʔikɔm]
cravo (m)	nellike (f)	['nelʔekə]
gengibre (m)	ingefær (f)	['eŋəˌfæɡ̊]
coentro (m)	koriander (f)	[kɒi'anʔdʌ]
canela (f)	kanel (i, f)	[ka'neʔl]
sésamo (m)	sesam (f)	['seːsɑm]
folhas (f pl) de louro	laurbærblad (i)	['lɑwʌbæɡ̊ˌblɑð]
páprica (f)	paprika (f)	['pɑpʁika]
cominho (m)	kommen (f)	['kʌmən]
açafrão (m)	safran (i, f)	[sa'fʁɑʔn]

42. Refeições

comida (f)	mad (f)	['mað]
comer (vt)	at spise	[ʌ 'spiːsə]
pequeno-almoço (m)	morgenmad (f)	['mɒːɒnˌmað]
tomar o pequeno-almoço	at spise morgenmad	[ʌ 'spiːsə 'mɒːɒnˌmað]
almoço (m)	frokost (f)	['fʁɔkʌst]
almoçar (vi)	at spise frokost	[ʌ 'spiːsə 'fʁɔkʌst]
jantar (m)	aftensmad (f)	['ɑftənsˌmað]
jantar (vi)	at spise aftensmad	[ʌ 'spiːsə 'ɑftənsˌmað]
apetite (m)	appetit (f)	[ɑpə'tit]
Bom apetite!	Velbekomme!	['vɛlbə'kʌmʔə]
abrir (~ uma lata, etc.)	at åbne	[ʌ 'ɔːbnə]
derramar (vt)	at spilde	[ʌ 'spilə]
derramar-se (vr)	at spildes ud	[ʌ 'spiləs uðʔ]
ferver (vi)	at koge	[ʌ 'kɔːwə]
ferver (vt)	at koge	[ʌ 'kɔːwə]
fervido	kogt	['kʌgt]
arrefecer (vt)	at afkøle	[ʌ 'ɑwˌkøʔlə]
arrefecer-se (vr)	at afkøles	[ʌ 'ɑwˌkøʔləs]
sabor, gosto (m)	smag (f)	['smæʔj]
gostinho (m)	bismag (f)	['bismæʔj]
fazer dieta	at være på diæt	[ʌ 'vɛːʌ pɔʔ di'ɛʔt]
dieta (f)	diæt (f)	[di'ɛʔt]
vitamina (f)	vitamin (i)	[vita'miʔn]
caloria (f)	kalorie (f)	[ka'loɡ̊ʔjə]
vegetariano (m)	vegetar, vegetarianer (f)	[veɡə'tɑʔ], [veɡətɑi'æʔnʌ]
vegetariano	vegetarisk	[veɡə'tɑʔisk]
gorduras (f pl)	fedt (i)	['fet]
proteínas (f pl)	proteiner (i pl)	[pʁotə'iʔnʌ]
carboidratos (m pl)	kulhydrater (i pl)	['kɔlhyˌdʁɑʔdʌ]
fatia (~ de limão, etc.)	skive (f)	['skiːvə]
pedaço (~ de bolo)	stykke (i)	['støkə]
migalha (f)	krumme (f)	['kʁomə]

43. Por a mesa

colher (f)	ske (f)	['skeʔ]
faca (f)	kniv (f)	['kniwʔ]
garfo (m)	gaffel (f)	['gɑfəl]
chávena (f)	kop (f)	['kʌp]
prato (m)	tallerken (f)	[ta'læɡkən]
pires (m)	underkop (f)	['ɔnʌˌkʌp]
guardanapo (m)	serviet (f)	[sæɡvi'ɛt]
palito (m)	tandstikker (f)	['tanˌstekʌ]

44. Restaurante

restaurante (m)	restaurant (f)	[ʁɛsto'ʁɑn]
café (m)	cafe, kaffebar (f)	[ka'feʔ], ['kɑfəˌbɑʔ]
bar (m), cervejaria (f)	bar (f)	['bɑʔ]
salão (m) de chá	tesalon (f)	['teʔsa'lʌŋ]
empregado (m) de mesa	tjener (f)	['tjɛːnʌ]
empregada (f) de mesa	servitrice (f)	[sæɡvi'tʁiːsə]
barman (m)	bartender (f)	['bɑːˌtɛndʌ]
ementa (f)	menu (f)	[me'ny]
lista (f) de vinhos	vinkort (i)	['viːnˌkɒːt]
reservar uma mesa	at bestille et bord	[ʌ be'stelʔə ed 'boʔɡ]
prato (m)	ret (f)	['ʁat]
pedir (vt)	at bestille	[ʌ be'stelʔə]
fazer o pedido	at bestille	[ʌ be'stelʔə]
aperitivo (m)	aperitif (f)	[apeʁi'tif]
entrada (f)	forret (f)	['fɔːʁat]
sobremesa (f)	dessert (f)	[de'sɛɡʔt]
conta (f)	regning (f)	['ʁajneŋ]
pagar a conta	at betale regningen	[ʌ be'tæʔlə 'ʁajneŋən]
dar o troco	at give tilbage	[ʌ 'giʔ te'bæːjə]
gorjeta (f)	drikkepenge (pl)	['dʁɛkəˌpɛŋə]

Família, parentes e amigos

45. Informação pessoal. Formulários

nome (m)	navn (i)	['nɑwˀn]
apelido (m)	efternavn (i)	['ɛftʌˌnɑwˀn]
data (f) de nascimento	fødselsdato (f)	['føsəlsˌdæːto]
local (m) de nascimento	fødested (i)	['føːðəˌstɛð]
nacionalidade (f)	nationalitet (f)	[naɕonali'teˀt]
lugar (m) de residência	bopæl (i)	['boˌpɛˀl]
país (m)	land (i)	['lanˀ]
profissão (f)	fag (i), profession (f)	['fæˀj], [pʁofəˈɕoˀn]
sexo (m)	køn (i)	['kœnˀ]
estatura (f)	højde (f)	['hʌjˀdə]
peso (m)	vægt (f)	['vɛgt]

46. Membros da família. Parentes

mãe (f)	mor (f), moder (f)	['moɐ̯], ['moːðʌ]
pai (m)	far (f), fader (f)	['fɑː], ['fæːðʌ]
filho (m)	søn (f)	['sœn]
filha (f)	datter (f)	['datʌ]
filha (f) mais nova	yngste datter (f)	['øŋˀstə 'datʌ]
filho (m) mais novo	yngste søn (f)	['øŋˀstə 'sœn]
filha (f) mais velha	ældste datter (f)	['ɛlˀstə 'datʌ]
filho (m) mais velho	ældste søn (f)	['ɛlˀstə sœn]
irmão (m)	bror (f)	['bʁoɐ̯]
irmão (m) mais velho	storebror (f)	['stoɐ̯ˌbʁoɐ̯]
irmão (m) mais novo	lillebror (f)	['liləˌbʁoɐ̯]
irmã (f)	søster (f)	['søstʌ]
irmã (f) mais velha	storesøster (f)	['stoɐ̯ˌsøstʌ]
irmã (f) mais nova	lillesøster (f)	['liləˌsøstʌ]
primo (m)	fætter (f)	['fɛtʌ]
prima (f)	kusine (f)	[kuˈsiːnə]
mamã (f)	mor (f)	['moɐ̯]
papá (m)	papa, far (f)	['papa], ['fɑː]
pais (pl)	forældre (pl)	[fʌˈɛlˀdʁʌ]
criança (f)	barn (i)	['bɑˀn]
crianças (f pl)	børn (pl)	['bœɐ̯ˀn]
avó (f)	bedstemor (f)	['bɛstəˌmoɐ̯]
avô (m)	bedstefar (f)	['bɛstəˌfɑː]
neto (m)	barnebarn (i)	['bɑːnəˌbɑˀn]

| neta (f) | barnebarn (i) | ['bɑːnəˌbɑˀn] |
| netos (pl) | børnebørn (pl) | ['bœɐ̯nəˌbœɐ̯ˀn] |

tio (m)	onkel (f)	['ɔŋˀkəl]
tia (f)	tante (f)	['tantə]
sobrinho (m)	nevø (f)	[ne'vø]
sobrinha (f)	niece (f)	[ni'ɛːsə]

sogra (f)	svigermor (f)	['sviˀʌˌmoɐ̯]
sogro (m)	svigerfar (f)	['sviˀʌˌfɑː]
genro (m)	svigersøn (f)	['sviˀʌˌsœn]
madrasta (f)	stedmor (f)	['stɛðˌmoɐ̯]
padrasto (m)	stedfar (f)	['stɛðˌfɑː]

criança (f) de colo	spædbarn (i)	['spɛðˌbɑˀn]
bebé (m)	spædbarn (i)	['spɛðˌbɑˀn]
menino (m)	lille barn (i)	['lilə 'bɑˀn]

mulher (f)	kone (f)	['koːnə]
marido (m)	mand (f)	['manˀ]
esposo (m)	ægtemand (f)	['ɛgtəˌmanˀ]
esposa (f)	hustru (f)	['hustʁu]

casado	gift	['gift]
casada	gift	['gift]
solteiro	ugift	['uˌgift]
solteirão (m)	ungkarl (f)	['ɔŋˌkæˀl]
divorciado	fraskilt	['fʁɑˌskelˀt]
viúva (f)	enke (f)	['ɛŋkə]
viúvo (m)	enkemand (f)	['ɛŋkəˌmanˀ]

parente (m)	slægtning (f)	['slɛgtneŋ]
parente (m) próximo	nær slægtning (f)	['nɛˀɐ̯ 'slɛgtneŋ]
parente (m) distante	fjern slægtning (f)	['fjæɐ̯ˀn 'slɛgtneŋ]
parentes (m pl)	slægtninge (pl)	['slɛgtneŋə]

órfão (m), órfã (f)	forældreløst barn (i)	[fʌ'ɛlˀdʁʌløːst bɑˀn]
tutor (m)	formynder (f)	['fɔːˌmønˀʌ]
adotar (um filho)	at adoptere	[ʌ adʌp'teˀʌ]
adotar (uma filha)	at adoptere	[ʌ adʌp'teˀʌ]

Medicina

47. Doenças

Português	Dinamarquês	Pronúncia
doença (f)	sygdom (f)	['sy:ˌdʌmˀ]
estar doente	at være syg	[ʌ 'vɛːʌ syˀ]
saúde (f)	helse, sundhed (f)	['hɛlsə], ['sɔnˌheðˀ]
nariz (m) a escorrer	snue (f)	['snuːə]
amigdalite (f)	angina (f)	[ɑŋ'giːna]
constipação (f)	forkølelse (f)	[fʌ'køˀləlsə]
constipar-se (vr)	at blive forkølet	[ʌ 'bliːə fʌ'køˀləð]
bronquite (f)	bronkitis (f)	[bʁʌŋ'kitis]
pneumonia (f)	lungebetændelse (f)	['lɔŋə be'tɛnˀəlsə]
gripe (f)	influenza (f)	[enflu'ɛnsa]
míope	nærsynet	['næɐ̯ˌsyˀnəð]
presbita	langsynet	['lɑŋˌsyˀnəð]
estrabismo (m)	skeløjethed (f)	['skelˌʌjəðˌheðˀ]
estrábico	skeløjet	['skelˌʌjˀəð]
catarata (f)	grå stær (f)	['gʁɔˀ 'stɛˀɐ̯]
glaucoma (m)	glaukom (i), grøn stær (f)	[glɑw'koˀm], ['gʁœnˀ 'stɛˀɐ̯]
AVC (m), apoplexia (f)	hjerneblødning (f)	['jæɐ̯nəˌbløðneŋ]
ataque (m) cardíaco	infarkt (i, f)	[en'fɑːkt]
enfarte (m) do miocárdio	hjerteinfarkt (i, f)	['jæɐ̯tə en'fɑːkt]
paralisia (f)	lammelse (f)	['lɑmməlsə]
paralisar (vt)	at lamme, at paralysere	[ʌ 'lɑmə], [ʌ paɑly'seˀʌ]
alergia (f)	allergi (f)	[alæɐ̯'giˀ]
asma (f)	astma (f)	['astma]
diabetes (f)	diabetes (f)	[dia'beːtəs]
dor (f) de dentes	tandpine (f)	['tanˌpiːnə]
cárie (f)	caries, karies (f)	['kɑˀiəs]
diarreia (f)	diarre (f)	[dia'ʁɛ]
prisão (f) de ventre	forstoppelse (f)	[fʌ'stʌpəlsə]
desarranjo (m) intestinal	mavebesvær (i)	['mæːvəˌbe'svɛˀɐ̯]
intoxicação (f) alimentar	madforgiftning (f)	['mɑðfʌˌgiftneŋ]
intoxicar-se	at få madforgiftning	[ʌ 'fɔˀ 'mɑðfʌˌgiftə ˀ]
artrite (f)	artritis (f)	[ɑ'tʁitis]
raquitismo (m)	rakitis (f)	[ʁɑ'kitis]
reumatismo (m)	reumatisme (f)	[ʁʌjma'tismə]
arteriosclerose (f)	arterieforkalkning (f)	[ɑ'teˀɐ̯iə fʌ'kalˀkneŋ]
gastrite (f)	gastritis (f)	[ga'stʁitis]
apendicite (f)	appendicit (f)	[apɛndi'sit]

colecistite (f)	galdeblærebetændelse (f)	[ˈgaləˌblɛːʌ beˈtɛnˀəlsə]
úlcera (f)	mavesår (i)	[ˈmæːvəˌsɒˀ]

sarampo (m)	mæslinger (pl)	[ˈmɛsˌleŋˀʌ]
rubéola (f)	røde hunde (f)	[ˈʁœːðə ˈhunə]
iterícia (f)	gulsot (f)	[ˈgulˌsoˀt]
hepatite (f)	hepatitis (f)	[hepaˈtitis]

esquizofrenia (f)	skizofreni (f)	[skidsofʁɛˈniˀ]
raiva (f)	rabies (f)	[ˈʁɑˀbjɛs]
neurose (f)	neurose (f)	[nœwˈʁoːsə]
comoção (f) cerebral	hjernerystelse (f)	[ˈjæɐ̯nəˌʁœstəlsə]

cancro (m)	kræft (f), cancer (f)	[ˈkʁaft], [ˈkanˀsʌ]
esclerose (f)	sklerose (f)	[skləˈʁoːsə]
esclerose (f) múltipla	multipel sklerose (f)	[mulˈtiˀpəl skləˈʁoːsə]

alcoolismo (m)	alkoholisme (f)	[alkohoˈlismə]
alcoólico (m)	alkoholiker (f)	[alkoˀhoˀlikʌ]
sífilis (f)	syfilis (f)	[ˈsyfilis]
SIDA (f)	AIDS (f)	[ˈɛjds]

tumor (m)	svulst, tumor (f)	[ˈsvulˀst], [ˈtuːmɒ]
maligno	ondartet, malign	[ˈɔnˌɑˀdəð], [maˈliˀn]
benigno	godartet, benign	[ˈgoðˌɑˀtəð], [beˈniˀn]
febre (f)	feber (f)	[ˈfeˀbʌ]
malária (f)	malaria (f)	[maˈlɑˀia]
gangrena (f)	koldbrand (f)	[ˈkʌlˌbʁɑnˀ]
enjoo (m)	søsyge (f)	[ˈsøˌsyːə]
epilepsia (f)	epilepsi (f)	[epilɛpˈsiˀ]

epidemia (f)	epidemi (f)	[epedəˈmiˀ]
tifo (m)	tyfus (f)	[ˈtyfus]
tuberculose (f)	tuberkulose (f)	[tubæɐ̯kuˈloːsə]
cólera (f)	kolera (f)	[ˈkoˀləʁɑ]
peste (f)	pest (f)	[ˈpɛst]

48. Sintomas. Tratamentos. Parte 1

sintoma (m)	symptom (i)	[symˈtoˀm]
temperatura (f)	temperatur (f)	[tɛmpʁɑˈtuɐ̯ˀ]
febre (f)	høj temperatur, feber (f)	[ˈhʌj tɛmpʁɑˈtuɐ̯ˀ], [ˈfeˀbʌ]
pulso (m)	puls (f)	[ˈpulˀs]

vertigem (f)	svimmelhed (f)	[ˈsvemˀəlˌheð]
quente (testa, etc.)	varm	[ˈvɑˀm]
calafrio (m)	gysen (f)	[ˈgyːsən]
pálido	bleg	[ˈblɑjˀ]

tosse (f)	hoste (f)	[ˈhoːstə]
tossir (vi)	at hoste	[ʌ ˈhoːstə]
espirrar (vi)	at nyse	[ʌ ˈnyːsə]
desmaio (m)	besvimelse (f)	[beˈsviˀməlsə]
desmaiar (vi)	at besvime	[ʌ beˈsviˀmə]

nódoa (f) negra	blåt mærke (i)	['blʌt 'mæɐ̯kə]
galo (m)	bule (f)	['buːlə]
magoar-se (vr)	at slå sig	[ʌ 'slɔˀ saj]
pisadura (f)	blåt mærke (i)	['blʌt 'mæɐ̯kə]
aleijar-se (vr)	at støde sig	[ʌ 'sdøːðə saj]
coxear (vi)	at halte	[ʌ 'haltə]
deslocação (f)	forvridning (f)	[fʌ'vʁiðˀneŋ]
deslocar (vt)	at forvride	[ʌ fʌ'vʁiðˀə]
fratura (f)	brud (i), fraktur (f)	['bʁuð], [fʁak'tuɐ̯ˀ]
fraturar (vt)	at få et brud	[ʌ 'fɔˀ ed 'bʁuð]
corte (m)	snitsår (i)	['snitˌsɒˀ]
cortar-se (vr)	at skære sig	[ʌ 'skɛːʌ saj]
hemorragia (f)	blødning (f)	['bløðneŋ]
queimadura (f)	brandsår (i)	['bʁanˌsɒˀ]
queimar-se (vr)	at brænde sig	[ʌ 'bʁanə saj]
picar (vt)	at stikke	[ʌ 'stekə]
picar-se (vr)	at stikke sig	[ʌ 'stekə saj]
lesionar (vt)	at skade	[ʌ 'skæːðə]
lesão (m)	skade (f)	['skæːðə]
ferida (f), ferimento (m)	sår (i)	['sɒˀ]
trauma (m)	traume, trauma (i)	['tʁawmə], ['tʁawma]
delirar (vi)	at tale i vildelse	[ʌ 'tæːlə i 'vilelsə]
gaguejar (vi)	at stamme	[ʌ 'stamə]
insolação (f)	solstik (i)	['soːlˌstek]

49. Sintomas. Tratamentos. Parte 2

dor (f)	smerte (f)	['smæɐ̯tə]
farpa (no dedo)	splint (f)	['splenˀt]
suor (m)	sved (f)	['sveðˀ]
suar (vi)	at svede	[ʌ 'sveːðə]
vómito (m)	opkastning (f)	['ʌpˌkastneŋ]
convulsões (f pl)	kramper (f pl)	['kʁampʌ]
grávida	gravid	[gʁa'viðˀ]
nascer (vi)	at fødes	[ʌ 'føːðəs]
parto (m)	fødsel (f)	['føsəl]
dar à luz	at føde	[ʌ 'føːðə]
aborto (m)	abort (f)	[a'bɒˀt]
respiração (f)	åndedræt (i)	['ʌnəˌdʁat]
inspiração (f)	indånding (f)	['enˌʌnˀeŋ]
expiração (f)	udånding (f)	['uðˌʌnˀeŋ]
expirar (vi)	at ånde ud	[ʌ 'ʌnə uð]
inspirar (vi)	at ånde ind	[ʌ 'ʌnə enˀ]
inválido (m)	handikappet person (f)	['handiˌkapəð pæɐ̯'sɔˀn]
aleijado (m)	krøbling (f)	['kʁœbleŋ]

toxicodependente (m)	narkoman (f)	[nɑko'mæˀn]
surdo	døv	['døˀw]
mudo	stum	['stɔmˀ]
surdo-mudo	døvstum	['døw͵stɔmˀ]

louco (adj.)	gal, sindssyg	['gæˀl], ['senˀ͵syˀ]
louco (m)	gal mand (f)	['gæˀl 'manˀ]
louca (f)	gal kvinde (f)	['gæˀl 'kvenə]
ficar louco	at blive sindssyg	[ʌ 'bliːə 'senˀ͵syˀ]

gene (m)	gen (i)	['geˀn]
imunidade (f)	immunitet (f)	[imuni'teˀt]
hereditário	arvelig	['ɑːvəli]
congénito	medfødt	['mɛð͵føˀt]

vírus (m)	virus (i, f)	['viːʁus]
micróbio (m)	mikrobe (f)	[mi'kʁoːbə]
bactéria (f)	bakterie (f)	[bɑk'teɐ̯ˀiə]
infeção (f)	infektion (f)	[enfɛk'ɕoˀn]

50. Sintomas. Tratamentos. Parte 3

hospital (m)	sygehus (i)	['syːə͵huˀs]
paciente (m)	patient (f)	[pɑ'ɕɛnˀt]

diagnóstico (m)	diagnose (f)	[dia'gnoːsə]
cura (f)	kur, behandling (f)	['kuɐ̯ˀ], [be'hanˀleŋ]
tratamento (m) médico	behandling (f)	[be'hanˀleŋ]
curar-se (vr)	at blive behandlet	[ʌ 'bliːə be'hanˀləð]
tratar (vt)	at behandle	[ʌ be'hanˀlə]
cuidar (pessoa)	at pleje	[ʌ 'plɑjə]
cuidados (m pl)	pleje (f)	['plɑjə]

operação (f)	operation (f)	[opəʁɑ'ɕoˀn]
enfaixar (vt)	at forbinde	[ʌ fʌ'benˀə]
enfaixamento (m)	forbinding (f)	[fʌ'benˀeŋ]

vacinação (f)	vaccination (f)	[vagsina'ɕoˀn]
vacinar (vt)	at vaccinere	[ʌ vaksi'neˀʌ]
injeção (f)	injektion (f)	[enjɛk'ɕoˀn]
dar uma injeção	at give en sprøjte	[ʌ 'giˀ en 'spʁʌjtə]

ataque (~ de asma, etc.)	anfald (i)	['an͵falˀ]
amputação (f)	amputation (f)	[ɑmputɑ'ɕoˀn]
amputar (vt)	at amputere	[ʌ ɑmpu'teˀʌ]
coma (f)	koma (f)	['koːma]
estar em coma	at ligge i koma	[ʌ 'legə i 'koːma]
reanimação (f)	intensivafdeling (f)	['entən͵siwˀ 'aw͵deˀleŋ]

recuperar-se (vr)	at blive rask	[ʌ 'bliːə 'ʁask]
estado (~ de saúde)	tilstand (f)	['tel͵stanˀ]
consciência (f)	bevidsthed (f)	[be'vest͵heðˀ]
memória (f)	hukommelse (f)	[hu'kʌmˀəlsə]
tirar (vt)	at trække ud	[ʌ 'tʁakə uðˀ]

chumbo (m), obturação (f)	plombe (f)	['plɔmbə]
chumbar, obturar (vt)	at plombere	[ʌ plɔm'beˀʌ]
hipnose (f)	hypnose (f)	[hyp'noːsə]
hipnotizar (vt)	at hypnotisere	[ʌ hypnoti'seˀʌ]

51. Médicos

médico (m)	læge (f)	['lɛːjə]
enfermeira (f)	sygeplejerske (f)	['syːəˌplɑjˀʌskə]
médico (m) pessoal	personlig læge (f)	[pæɐ̯'soˀnli 'lɛːjə]
dentista (m)	tandlæge (f)	['tanˌlɛːjə]
oculista (m)	øjenlæge (f)	['ʌjənˌlɛːjə]
terapeuta (m)	terapeut (f)	[teɑ'pœwˀt]
cirurgião (m)	kirurg (f)	[ki'ʁuɐ̯ˀw]
psiquiatra (m)	psykiater (f)	[syki'æˀtʌ]
pediatra (m)	børnelæge (f)	['bœɐ̯nəˌlɛːjə]
psicólogo (m)	psykolog (f)	[syko'loˀ]
ginecologista (m)	gynækolog (f)	[gynɛko'loˀ]
cardiologista (m)	kardiolog (f)	[kɑdio'loˀ]

52. Medicina. Drogas. Acessórios

medicamento (m)	medicin (f)	[medi'siˀn]
remédio (m)	middel (i)	['midˀəl]
receitar (vt)	at ordinere	[ʌ ɒdi'neˀʌ]
receita (f)	recept (f)	[ʁɛ'sɛpt]
comprimido (m)	tablet (f), pille (f)	[tɑb'lɛt], ['pelə]
pomada (f)	salve (f)	['salvə]
ampola (f)	ampul (f)	[ɑm'pulˀ]
preparado (m)	mikstur (f)	[meks'tuɐ̯ˀ]
xarope (m)	sirup (f)	['siˀʁɔp]
cápsula (f)	pille (f)	['pelə]
remédio (m) em pó	pulver (i)	['pɔlˀvʌ]
ligadura (f)	gazebind (i)	['gæːsəˌbenˀ]
algodão (m)	vat (i)	['vat]
iodo (m)	jod (i, f)	['joˀð]
penso (m) rápido	plaster (i)	['plastʌ]
conta-gotas (m)	pipette (f)	[pi'pɛtə]
termómetro (m)	termometer (i)	[tæɐ̯mo'meˀtʌ]
seringa (f)	sprøjte (f)	['spʁʌjtə]
cadeira (f) de rodas	kørestol (f)	['køːʌˌstoˀl]
muletas (f pl)	krykker (f pl)	['kʁœkə]
analgésico (m)	smertestillende medicin (i)	['smæɐ̯dəˌstelənə medi'siˀn]
laxante (m)	laksativ (i)	[lɑksa'tiwˀ]

álcool (m) etílico	sprit (f)	['spʁit]
ervas (f pl) medicinais	lægeurter (f pl)	['lɛːjeˌuɐ̯ˀtʌ]
de ervas (chá ~)	urte-	['uɐ̯tə-]

HABITAT HUMANO

Cidade

53. Cidade. Vida na cidade

cidade (f)	by (f)	['by']
capital (f)	hovedstad (f)	['hoːəðˌstað]
aldeia (f)	landsby (f)	['lansˌby']

mapa (m) da cidade	bykort (i)	['byˌkɒːt]
centro (m) da cidade	centrum (i) af byen	['sɛntʁɔm a 'byən]
subúrbio (m)	forstad (f)	['fɒːˌstað]
suburbano	forstads-	['fɒːˌstaðs-]

periferia (f)	udkant (f)	['uðˌkanʔt]
arredores (m pl)	omegne (f pl)	['ʌmˌɑjʔnə]
quarteirão (m)	kvarter (i)	[kvɑ'teʔɐ̯]
quarteirão (m) residencial	boligkvarter (i)	['boːlikvɑ'teʔɐ̯]

tráfego (m)	trafik (f)	[tʁɑ'fik]
semáforo (m)	trafiklys (i)	[tʁɑ'fikˌlyʔs]
transporte (m) público	offentlig transport (f)	['ʌfəntli tʁɑns'pɒːt]
cruzamento (m)	kryds (i, f)	['kʁys]

passadeira (f)	fodgængerovergang (f)	['foðɡɛnʌ 'ɒwʌˌɡɑŋʔ]
passagem (f) subterrânea	gangtunnel (f)	['ɡɑŋtuˌnɛlʔ]
cruzar, atravessar (vt)	at gå over	[ʌ ɡɔʔ 'ɒwʔʌ]
peão (m)	fodgænger (f)	['foðˌɡɛnʌ]
passeio (m)	fortov (i)	['fɒːˌtɒw]

ponte (f)	bro (f)	['bʁoʔ]
margem (f) do rio	kaj (f)	['kɑjʔ]
fonte (f)	springvand (i)	['spʁɛŋˌvanʔ]

alameda (f)	alle (f)	[a'leʔ]
parque (m)	park (f)	['pɑːk]
bulevar (m)	boulevard (f)	[bulə'vɑʔd]
praça (f)	torv (i)	['tɒʔw]
avenida (f)	avenue (f)	[avə'ny]
rua (f)	gade (f)	['ɡæːðə]
travessa (f)	sidegade (f)	['siːðəˌɡæːðə]
beco (m) sem saída	blindgyde (f)	['blenʔˌɡyːðə]

casa (f)	hus (i)	['huʔs]
edifício, prédio (m)	bygning (f)	['byɡnəŋ]
arranha-céus (m)	skyskraber (f)	['skyˌskʁɑːbʌ]
fachada (f)	facade (f)	[fa'sæːðə]
telhado (m)	tag (i)	['tæʔj]

janela (f)	vindue (i)	['vendu]
arco (m)	bue (f)	['buːə]
coluna (f)	søjle (f)	['sʌjlə]
esquina (f)	hjørne (i)	['jœɐ̯ʔnə]

montra (f)	udstillingsvindue (i)	['uðˌstelʔeŋs 'vendu]
letreiro (m)	skilt (i)	['skelʔt]
cartaz (m)	plakat (f)	[pla'kæʔt]
cartaz (m) publicitário	reklameplakat (f)	[ʁɛ'klæːməˌpla'kæʔt]
painel (m) publicitário	reklameskilt (i)	[ʁɛ'klæːməˌskelʔt]

lixo (m)	affald (i)	['ɑwˌfalʔ]
cesta (f) do lixo	skraldespand (f)	['skʁɑləˌspanʔ]
jogar lixo na rua	at smide affald	[ʌ 'smiːðə 'ɑwˌfalʔ]
aterro (m) sanitário	losseplads (f)	['lʌsəˌplas]

cabine (f) telefónica	telefonboks (f)	[teləˈfoːnˌbʌks]
candeeiro (m) de rua	lygtepæl (f)	['løgtəˌpɛʔl]
banco (m)	bænk (f)	['bɛŋʔk]

polícia (m)	politibetjent (f)	[poli'ti be'tjɛnʔt]
polícia (instituição)	politi (i)	[poli'tiʔ]
mendigo (m)	tigger (f)	['tegʌ]
sem-abrigo (m)	hjemløs (f)	['jɛmˌløʔs]

54. Instituições urbanas

loja (f)	forretning (f), butik (f)	[fʌˈʁɑtneŋ], [bu'tik]
farmácia (f)	apotek (i)	[ɑpo'teʔk]
ótica (f)	optik (f)	[ʌp'tik]
centro (m) comercial	indkøbscenter (i)	['enˌkøʔbs ˌsɛnʔtʌ]
supermercado (m)	supermarked (i)	['suʔpʌˌmɑːkəð]

padaria (f)	bageri (i)	[bæjʌ'ʁiʔ]
padeiro (m)	bager (f)	['bæːjʌ]
pastelaria (f)	konditori (i)	[kʌnditʌ'ʁiʔ]
mercearia (f)	købmandsbutik (f)	['køməns bu'tik]
talho (m)	slagterbutik (f)	['slɑgtʌ bu'tik]

loja (f) de legumes	grønthandel (f)	['gʁœntˌhanʔəl]
mercado (m)	marked (i)	['mɑːkəð]

café (m)	cafe, kaffebar (f)	[ka'feʔ], ['kɑfəˌbɑʔ]
restaurante (m)	restaurant (f)	[ʁɛsto'ʁɑŋ]
bar (m), cervejaria (f)	ølstue (f)	['ølˌstuːə]
pizzaria (f)	pizzeria (i)	[pidsə'ʁiːa]

salão (m) de cabeleireiro	frisørsalon (f)	[fʁi'søɐ̯ saˌlʌŋ]
correios (m pl)	postkontor (i)	['pʌst kɔn'toʔɐ̯]
lavandaria (f)	renseri (i)	[ʁɑnsʌ'ʁiʔ]
estúdio (m) fotográfico	fotoatelier (i)	['foto atəl'je]

sapataria (f)	skotøjsforretning (f)	['skoˌtʌjs fʌ'ʁɑtneŋ]
livraria (f)	boghandel (f)	['bɔwˌhanʔəl]

Português	Dinamarquês	Pronúncia
loja (f) de artigos de desporto	sportsforretning (f)	['spɒ:ts fʌ'ʁatnen]
reparação (f) de roupa	reparation (f) af tøj	[ʁepʁɑ'ɕoˀn a 'tʌj]
aluguer (m) de roupa	udlejning (f) af tøj	['uðˌlajˀnen a 'tʌj]
aluguer (m) de filmes	filmleje (f)	['filmˌlajə]

circo (m)	cirkus (i)	['siɛkus]
jardim (m) zoológico	zoologisk have (f)	[soo'loˀisk 'hæ:və]
cinema (m)	biograf (f)	[bio'gʁɑˀf]
museu (m)	museum (i)	[mu'sɛ:ɔm]
biblioteca (f)	bibliotek (i)	[biblio'teˀk]

teatro (m)	teater (i)	[te'æˀtʌ]
ópera (f)	opera (f)	['oˀpeʁɑ]
clube (m) noturno	natklub (f)	['natˌklub]
casino (m)	kasino (i)	[ka'si:no]

mesquita (f)	moske (f)	[mo'skeˀ]
sinagoga (f)	synagoge (f)	[syna'go:ə]
catedral (f)	katedral (f)	[katə'dʁɑˀl]
templo (m)	tempel (i)	['tɛmˀpəl]
igreja (f)	kirke (f)	['kiɛkə]

instituto (m)	institut (i)	[ensdi'tut]
universidade (f)	universitet (i)	[univæɛsi'teˀt]
escola (f)	skole (f)	['sko:lə]

prefeitura (f)	præfektur (i)	[pʁɛfɛk'tuɐ̯ˀ]
câmara (f) municipal	rådhus (i)	['ʁɔðˌhuˀs]
hotel (m)	hotel (i)	[ho'tɛlˀ]
banco (m)	bank (f)	['baŋˀk]

embaixada (f)	ambassade (f)	[ɑmba'sæ:ðə]
agência (f) de viagens	rejsebureau (i)	['ʁɑjsə byˌʁo]
agência (f) de informações	informationskontor (i)	[enfɒma'ɕons kɔn'toˀɐ̯]
casa (f) de câmbio	vekselkontor (i)	['vɛksəl kɔn'toˀɐ̯]

| metro (m) | metro (f) | ['me:tʁo] |
| hospital (m) | sygehus (i) | ['sy:əˌhuˀs] |

| posto (m) de gasolina | tankstation (f) | ['taŋk sta'ɕˀon] |
| parque (m) de estacionamento | parkeringsplads (f) | [pɑ'keˀɡeŋsˌplas] |

55. Sinais

letreiro (m)	skilt (i)	['skelˀt]
inscrição (f)	indskrift (f)	['enˌskʁɛft]
cartaz, póster (m)	poster (f)	['pɒwstʌ]
sinal (m) informativo	vejviser (f)	['vajˌvi:sʌ]
seta (f)	pil (f)	['piˀl]

aviso (advertência)	advarsel (f)	['aðˌva:səl]
sinal (m) de aviso	advarselsskilt (i)	['aðˌva:səls 'skelˀt]
avisar, advertir (vt)	at advare	[ʌ 'aðˌvɑˀɑ]
dia (m) de folga	fridag (f)	['fʁidæˀ]

Português	Dinamarquês	Pronúncia
horário (m)	køreplan (f)	['kø:ʌˌplæˀn]
horário (m) de funcionamento	åbningstid (f)	['ɔ:bneŋsˌtiðˀ]
BEM-VINDOS!	VELKOMMEN!	['vɛlˌkʌmˀən]
ENTRADA	INDGANG	['enˌgɑŋˀ]
SAÍDA	UDGANG	['uðˌgɑŋˀ]
EMPURRE	TRYK	['tʁœk]
PUXE	TRÆK	['tʁak]
ABERTO	ÅBENT	['ɔ:bənt]
FECHADO	LUKKET	['lɔkəð]
MULHER	KVINDE	['kvenə]
HOMEM	MAND	['manˀ]
DESCONTOS	RABAT	[ʁɑ'bat]
SALDOS	UDSALG	['uðˌsalˀ]
NOVIDADE!	NYHED!	['nyheðˀ]
GRÁTIS	GRATIS	['gʁɑ:tis]
ATENÇÃO!	PAS PÅ!	['pas 'pɔ]
NÃO HÁ VAGAS	INGEN LEDIGE VÆRELSER	['eŋən 'le:ðiə 'væɐ̯ʌlsʌ]
RESERVADO	RESERVERET	[ʁɛsæɐ̯'veˀʌð]
ADMINISTRAÇÃO	ADMINISTRATION	[aðministʁɑ'ɕoˀn]
SOMENTE PESSOAL AUTORIZADO	KUN FOR PERSONALE	['kɔn fʌ pæɐ̯so'næ:lə]
CUIDADO CÃO FEROZ	HER VOGTER JEG	['hɛˀɐ̯ 'vʌgtʌ 'jɑj]
PROIBIDO FUMAR!	RYGNING FORBUDT	['ʁy:neŋ fʌ'byˀð]
NÃO TOCAR	MÅ IKKE BERØRES!	[mɔ 'ekə be'ʁœˀʌs]
PERIGOSO	FARLIG	['fɑ:li]
PERIGO	FARE	['fɑ:ɑ]
ALTA TENSÃO	HØJSPÆNDING	['hʌjˌspɛneŋ]
PROIBIDO NADAR	BADNING FORBUDT	['bæ:ðneŋ fʌ'byˀð]
AVARIADO	UDE AF DRIFT	['u:ðə a 'dʁɛft]
INFLAMÁVEL	BRANDFARLIG	['bʁanˌfɑ:li]
PROIBIDO	FORBUDT	[fʌ'byˀt]
ENTRADA PROIBIDA	ADGANG FORBUDT	['aðˌgɑŋˀ fʌ'byˀð]
CUIDADO TINTA FRESCA	NYMALET	['nyˌmæˀləð]

56. Transportes urbanos

Português	Dinamarquês	Pronúncia
autocarro (m)	bus (f)	['bus]
elétrico (m)	sporvogn (f)	['spoɐ̯ˌvɒwˀn]
troleicarro (m)	trolleybus (f)	['tʁʌliˌbus]
itinerário (m)	rute (f)	['ʁu:tə]
número (m)	nummer (i)	['nɔmˀʌ]
ir de ... (carro, etc.)	at køre på ...	[ʌ 'kø:ʌ 'pɔˀ ...]
entrar (~ no autocarro)	at stå på ...	[ʌ stɔˀ 'pɔˀ ...]

descer de ...	at stå af ...	[ʌ stɔˀ 'æˀ ...]
paragem (f)	stop, stoppested (i)	['stʌp], ['stʌpəstɛð]
próxima paragem (f)	næste station (f)	['nɛstə staˈɕoˀn]
ponto (m) final	endestation (f)	['ɛnəstaˈɕoˀn]
horário (m)	køreplan (f)	['køːʌˌplæˀn]
esperar (vt)	at vente	[ʌ 'vɛntə]
bilhete (m)	billet (f)	[bi'lɛt]
custo (m) do bilhete	billetpris (f)	[bi'lɛtˌpʁiˀs]
bilheteiro (m)	kasserer (f)	[ka'seˀʌ]
controlo (m) dos bilhetes	billetkontrol (f)	[bi'lɛt kɔn'tʁʌlˀ]
revisor (m)	kontrollør (f)	[kʌntʁoˈløˀɐ̯]
atrasar-se (vr)	at komme for sent	[ʌ 'kʌmə fʌ 'seˀnt]
perder (o autocarro, etc.)	at komme for sent til ...	[ʌ 'kʌmə fʌ 'seˀnt tel ...]
estar com pressa	at skynde sig	[ʌ 'skønə saj]
táxi (m)	taxi (f)	['tɑksi]
taxista (m)	taxichauffør (f)	['tɑksi ɕoˈføˀɐ̯]
de táxi (ir ~)	i taxi	[i 'tɑksi]
praça (f) de táxis	taxiholdeplads (f)	['tɑksi 'hʌləˌplas]
chamar um táxi	at bestille en taxi	[ʌ beˈstelˀə en 'tɑksi]
apanhar um táxi	at tage en taxi	[ʌ 'tæˀ en 'tɑksi]
tráfego (m)	trafik (f)	[tʁɑˈfik]
engarrafamento (m)	trafikprop (f)	[tʁɑˈfikˌpʁʌp]
horas (f pl) de ponta	myldretid (f)	['mylʁʌˌtiðˀ]
estacionar (vi)	at parkere	[ʌ pɑˈkeˀʌ]
estacionar (vt)	at parkere	[ʌ pɑˈkeˀʌ]
parque (m) de estacionamento	parkeringsplads (f)	[pɑˈkeˀɐ̯ɛŋsˌplas]
metro (m)	metro (f)	['meˌtʁo]
estação (f)	station (f)	[staˈɕoˀn]
ir de metro	at køre med metroen	[ʌ 'køːʌ mɛ 'metʁoːən]
comboio (m)	tog (i)	['tɔˀw]
estação (f)	banegård (f)	['bæːnəˌgɒˀ]

57. Turismo

monumento (m)	monument (i)	[monu'mɛnˀt]
fortaleza (f)	fæstning (f)	['fɛstneŋ]
palácio (m)	palads (i)	[pa'las]
castelo (m)	slot (i), borg (f)	['slʌt], ['bɒˀw]
torre (f)	tårn (i)	['tɒˀn]
mausoléu (m)	mausoleum (i)	[mɑwso'lɛːɔm]
arquitetura (f)	arkitektur (f)	[ɑkitɛk'tuɐ̯ˀ]
medieval	middelalderlig	['miðəlˌalˀʌli]
antigo	gammel	['gɑmel]
nacional	national	[naɕo'næˀl]
conhecido	kendt, berømt	['kɛnˀt], [be'ʁœmˀt]
turista (m)	turist (f)	[tu'ʁist]
guia (pessoa)	guide (f)	['gajd]

excursão (f)	udflugt (f)	['uðˌflɔgt]
mostrar (vt)	at vise	[ʌ 'viːsə]
contar (vt)	at fortælle	[ʌ fʌ'tɛlˀə]
encontrar (vt)	at finde	[ʌ 'fenə]
perder-se (vr)	at gå vild	[ʌ gɔˀ 'vilˀ]
mapa (~ do metrô)	kort (i)	['kɒːt]
mapa (~ da cidade)	kort (i)	['kɒːt]
lembrança (f), presente (m)	souvenir (f)	[suvə'niːɐ̯]
loja (f) de presentes	souvenirforretning (f)	[suvə'niːɐ̯ fʌ'ʁatneŋ]
fotografar (vt)	at fotografere	[ʌ fotogʁa'feˀʌ]
fotografar-se	at blive fotograferet	[ʌ 'bliːə fotogʁaː'feˀʌð]

58. Compras

comprar (vt)	at købe	[ʌ 'køːbə]
compra (f)	indkøb (i)	['enˌkøˀb]
fazer compras	at gå på indkøb	[ʌ gɔˀ pɔ 'enˌkøˀb]
compras (f pl)	shopping (f)	['ɕʌpeŋ]
estar aberta (loja, etc.)	at være åben	[ʌ 'vɛːʌ 'ɔːbən]
estar fechada	at være lukket	[ʌ 'vɛːʌ 'lɔkəð]
calçado (m)	sko (f)	['skoˀ]
roupa (f)	klæder (i pl)	['klɛːðʌ]
cosméticos (m pl)	kosmetik (f)	[kʌsmə'tik]
alimentos (m pl)	madvarer (f pl)	['maðvaːʌ]
presente (m)	gave (f)	['gæːvə]
vendedor (m)	sælger (f)	['sɛljʌ]
vendedora (f)	sælger (f)	['sɛljʌ]
caixa (f)	kasse (f)	['kasə]
espelho (m)	spejl (i)	['spajˀl]
balcão (m)	disk (f)	['disk]
cabine (f) de provas	prøverum (i)	['pʁœːwəˌʁɔmˀ]
provar (vt)	at prøve	[ʌ 'pʁœːwə]
servir (vi)	at passe	[ʌ 'pasə]
gostar (apreciar)	at kunne lide	[ʌ 'kunə 'liːðə]
preço (m)	pris (f)	['pʁiˀs]
etiqueta (f) de preço	prismærke (i)	['pʁisˌmæɐ̯kə]
custar (vt)	at koste	[ʌ 'kʌstə]
Quanto?	Hvor meget?	[vɒˀ 'maɑð]
desconto (m)	rabat (f)	[ʁa'bat]
não caro	billig	['bili]
barato	billig	['bili]
caro	dyr	['dyɐ̯ˀ]
É caro	Det er dyrt	[de 'æɐ̯ 'dyɐ̯ˀt]
aluguer (m)	leje (f)	['lajə]
alugar (vestidos, etc.)	at leje	[ʌ 'lajə]

crédito (m)	kredit (f)	[kʀɛ'dit]
a crédito	på kredit	[pɔ kʀɛ'dit]

59. Dinheiro

dinheiro (m)	penge (pl)	['pɛŋə]
câmbio (m)	veksling (f)	['vɛksleŋ]
taxa (f) de câmbio	kurs (f)	['kuʀˀs]
Caixa Multibanco (m)	pengeautomat (f)	['pɛŋə ɑwto'mæˀt]
moeda (f)	mønt (f)	['mønˀt]
dólar (m)	dollar (f)	['dʌlʌ]
euro (m)	euro (f)	['œwʀo]
lira (f)	lire (f)	['liːʌ]
marco (m)	mark (f)	['mɑːk]
franco (m)	franc (f)	['fʀɑŋˀk]
libra (f) esterlina	engelske pund (i)	['ɛŋˀəlskə punˀ]
iene (m)	yen (f)	['jɛn]
dívida (f)	gæld (f)	['gɛlˀ]
devedor (m)	skyldner (f)	['skylnʌ]
emprestar (vt)	at låne ud	[ʌ 'lɔːnə ˌuðˀ]
pedir emprestado	at låne	[ʌ 'lɔːnə]
banco (m)	bank (f)	['bɑŋˀk]
conta (f)	konto (f)	['kʌnto]
depositar (vt)	at indsætte	[ʌ 'enˌsɛtə]
depositar na conta	at sætte ind på kontoen	[ʌ 'sɛtə 'enˀ pɔ 'kʌntoːən]
levantar (vt)	at hæve fra kontoen	[ʌ 'hɛːvə fʀɑ 'kʌntoːən]
cartão (m) de crédito	kreditkort (i)	[kʀɛ'dit kɔːt]
dinheiro (m) vivo	kontanter (pl)	[kɔn'tanˀtʌ]
cheque (m)	check (f)	['ɕɛk]
passar um cheque	at skrive en check	[ʌ 'skʀiːvə en 'ɕɛk]
livro (m) de cheques	checkhæfte (i)	['ɕɛkˌhɛftə]
carteira (f)	tegnebog (f)	['tajnəˌbɔˀw]
porta-moedas (m)	pung (f)	['pɔŋˀ]
cofre (m)	pengeskab (i)	['pɛŋəˌskæˀb]
herdeiro (m)	arving (f)	['ɑːveŋ]
herança (f)	arv (f)	['ɑˀw]
fortuna (riqueza)	formue (f)	['fɔːˌmuːə]
arrendamento (m)	leje (f)	['lajə]
renda (f) de casa	husleje (f)	['husˌlajə]
alugar (vt)	at leje	[ʌ 'lajə]
preço (m)	pris (f)	['pʀiˀs]
custo (m)	omkostning (f)	['ʌmˌkʌstneŋ]
soma (f)	sum (f)	['sɔmˀ]
gastar (vt)	at bruge	[ʌ 'bʀuːə]
gastos (m pl)	udgifter (f pl)	['uðˌgiftʌ]

economizar (vi)	at spare	[ʌ 'spɑːɑ]
económico	sparsommelig	[spɑ'sʌmˀəli]
pagar (vt)	at betale	[ʌ be'tæˀlə]
pagamento (m)	betaling (f)	[be'tæˀleŋ]
troco (m)	byttepenge (pl)	['bytə‚pɛŋə]
imposto (m)	skat (f)	['skat]
multa (f)	bøde (f)	['bøːðə]
multar (vt)	at give bødestraf	[ʌ 'giˀ 'bøːðə‚stʁɑf]

60. Correios. Serviço postal

correios (m pl)	postkontor (i)	['pʌst kɔn'toˀɐ̯]
correio (m)	post (f)	['pʌst]
carteiro (m)	postbud (i)	['pʌst‚buð]
horário (m)	åbningstid (f)	['ɔːbneŋs‚tiðˀ]
carta (f)	brev (i)	['bʁɛwˀ]
carta (f) registada	rekommanderet brev (i)	[ʁɛkɔman'deˀʌð 'bʁɛwˀ]
postal (m)	postkort (i)	['pʌst‚kɒːt]
telegrama (m)	telegram (i)	[telə'gʁɑmˀ]
encomenda (f) postal	postpakke (f)	['pʌst‚pɑkə]
remessa (f) de dinheiro	pengeoverførsel (f)	['pɛŋə 'ɒwʌ‚føɐ̯ˀsəl]
receber (vt)	at modtage	[ʌ 'moð‚tæˀ]
enviar (vt)	at sende	[ʌ 'sɛnə]
envio (m)	afsendelse (f)	['aw‚sɛnˀəlsə]
endereço (m)	adresse (f)	[a'dʁasə]
código (m) postal	postnummer (i)	['pʌst‚nɔmˀʌ]
remetente (m)	afsender (f)	['aw‚sɛnˀʌ]
destinatário (m)	modtager (f)	['moð‚tæˀjʌ]
nome (m)	fornavn (i)	['fɒː‚nawˀn]
apelido (m)	efternavn (i)	['ɛftʌ‚nawˀn]
tarifa (f)	tarif (f)	[tɑ'ʁif]
ordinário	vanlig	['væˀnli]
económico	økonomisk	[øko'noˀmisk]
peso (m)	vægt (f)	['vɛgt]
pesar (estabelecer o peso)	at veje	[ʌ 'vajə]
envelope (m)	konvolut, kuvert (f)	[kɔnvo'lut], [ku'væɐ̯t]
selo (m)	frimærke (i)	['fʁi‚mæɐ̯kə]
colar o selo	at frankere	[ʌ fʁɑŋ'keˀʌ]

Moradia. Casa. Lar

61. Casa. Eletricidade

eletricidade (f)	elektricitet (f)	[elɛktʁisi'te̝ʔt]
lâmpada (f)	elpære (f)	['ɛlˌpɛˀʌ]
interruptor (m)	afbryder (f)	['awˌbʁyðˀʌ]
fusível (m)	sikring (f)	['sekʁɛŋ]
fio, cabo (m)	ledning (f)	['leðneŋ]
instalação (f) elétrica	ledningsnet (i)	['leðneŋsˌnɛt]
contador (m) de eletricidade	elmåler (f)	['ɛlˌmɔːlʌ]
indicação (f), registo (m)	aflæsninger (f pl)	['awˌlɛˀsneŋʌ]

62. Moradia. Mansão

casa (f) de campo	fritidshus (i)	['fʁitiðsˌhuˀs]
vila (f)	villa (f)	['vila]
ala (~ do edifício)	fløj (f)	['flʌjˀ]
jardim (m)	have (f)	['hæːvə]
parque (m)	park (f)	['pɑːk]
estufa (f)	drivhus (i)	['dʁiwˌhuˀs]
cuidar de …	at tage vare	[ʌ 'tæˀ 'vɑːɑ]
piscina (f)	svømmebassin (i)	['svœməbaˌsɛŋ]
ginásio (m)	gym (i)	['dʒyːmˀ]
campo (m) de ténis	tennisbane (f)	['tɛnisˌbæːnə]
cinema (m)	hjemmebio (f)	['jɛməˌbiːo]
garagem (f)	garage (f)	[gɑ'ʁɑːɕə]
propriedade (f) privada	privat ejendom (f)	[pʁi'væˀt 'ɑjənˌdʌmˀ]
terreno (m) privado	privat grund (f)	[pʁi'væˀt 'gʁɔnˀ]
advertência (f)	advarsel (f)	['aðˌvɑːsəl]
sinal (m) de aviso	advarselsskilt (i)	['aðˌvɑːsəls 'skelˀt]
guarda (f)	sikkerhed (f)	['sekʌˌheðˀ]
guarda (m)	sikkerhedsvagt (f)	['sekʌˌheðs 'vagt]
alarme (m)	tyverialarm (f)	[tywʌ'ʁi a'lɑˀm]

63. Apartamento

apartamento (m)	lejlighed (f)	['lajliˌheðˀ]
quarto (m)	rum, værelse (i)	['ʁɔmˀ], ['væɐ̯ʌlsə]
quarto (m) de dormir	soveværelse (i)	['sɒwəˌvæɐ̯ʌlsə]

sala (f) de jantar	spisestue (f)	['spi:sə‚stu:ə]
sala (f) de estar	dagligstue (f)	['dɑwli‚stu:ə]
escritório (m)	arbejdsværelse (i)	['ɑ:bɑjds‚væɐ̯ʌlsə]

antessala (f)	entre (f), forstue (f)	[ɑŋ'tʁɛ], ['fɒ‚stu:ə]
quarto (m) de banho	badeværelse (i)	['bæ:ðə‚væɐ̯ʌlsə]
toilette (lavabo)	toilet (i)	[toɑ'lɛt]

teto (m)	loft (i)	['lʌft]
chão, soalho (m)	gulv (i)	['gɔl]
canto (m)	hjørne (i)	['jœɐ̯ʔnə]

64. Mobiliário. Interior

mobiliário (m)	møbler (pl)	['møˀblʌ]
mesa (f)	bord (i)	['boˀɐ̯]
cadeira (f)	stol (f)	['stoˀl]
cama (f)	seng (f)	['sɛŋˀ]

| divã (m) | sofa (f) | ['so:fɑ] |
| cadeirão (m) | lænestol (f) | ['lɛ:nə‚stoˀl] |

| estante (f) | bogskab (i) | ['bɔw‚skæ:b] |
| prateleira (f) | hylde (f) | ['hylə] |

guarda-vestidos (m)	klædeskab (i)	['klɛ:ðə‚skæˀb]
cabide (m) de parede	knagerække (f)	['knæ:jə‚ʁɑkə]
cabide (m) de pé	stumtjener (f)	['stɔm‚tjɛ:nʌ]

| cómoda (f) | kommode (f) | [ko'mo:ðə] |
| mesinha (f) de centro | sofabord (i) | ['so:fɑ‚boˀɐ̯] |

espelho (m)	spejl (i)	['spɑjˀl]
tapete (m)	tæppe (i)	['tɛpə]
tapete (m) pequeno	lille tæppe (i)	['lilə 'tɛpə]

lareira (f)	pejs (f), kamin (f)	['pɑjˀs], [kɑ'miˀn]
vela (f)	lys (i)	['lyˀs]
castiçal (m)	lysestage (f)	['lysə‚stæ:jə]

cortinas (f pl)	gardiner (i pl)	[gɑ'diˀnʌ]
papel (m) de parede	tapet (i)	[tɑ'peˀt]
estores (f pl)	persienne (f)	[pæɐ̯'ɕɛnə]

| candeeiro (m) de mesa | bordlampe (f) | ['boɐ̯‚lɑmpə] |
| candeeiro (m) de parede | væglampe (f) | ['vɛg‚lɑmpə] |

| candeeiro (m) de pé | standerlampe (f) | ['stɑnʌ‚lɑmpə] |
| lustre (m) | lysekrone (f) | ['lysə‚kʁo:nə] |

pé (de mesa, etc.)	ben (i)	['beˀn]
braço (m)	armlæn (i)	['ɑˀm‚lɛˀn]
costas (f pl)	ryg (f), ryglæn (i)	['ʁœg], ['ʁœg‚lɛˀn]
gaveta (f)	skuffe (f)	['skɔfə]

65. Quarto de dormir

roupa (f) de cama	sengetøj (i)	['sɛŋəˌtʌj]
almofada (f)	pude (f)	['puːðə]
fronha (f)	pudebetræk (i)	['puːðə beˈtʁak]
cobertor (m)	dyne (f)	['dyːnə]
lençol (m)	lagen (i)	['læjˀən]
colcha (f)	sengetæppe (i)	['sɛŋəˌtɛpə]

66. Cozinha

cozinha (f)	køkken (i)	['køkən]
gás (m)	gas (f)	['gas]
fogão (m) a gás	gaskomfur (i)	['gasˌkɔmˈfuɐ̯ˀ]
fogão (m) elétrico	elkomfur (i)	['ɛlˌkɔmˈfuɐ̯ˀ]
forno (m)	bageovn (f)	['bæːjəˌɒwˀn]
forno (m) de micro-ondas	mikroovn (f)	['mikʁoˌɒwˀn]
frigorífico (m)	køleskab (i)	['køːləˌskæˀb]
congelador (m)	fryser (f)	['fʁyːsʌ]
máquina (f) de lavar louça	opvaskemaskine (f)	[ʌpˈvaskə maˈskiːnə]
moedor (m) de carne	kødhakker (f)	['køðˌhakʌ]
espremedor (m)	juicepresser (f)	['dʒuːsˌpʁasʌ]
torradeira (f)	brødrister, toaster (f)	['bʁœðˌʁɛstʌ], ['tɔwstʌ]
batedeira (f)	mikser, mixer (f)	['meksʌ]
máquina (f) de café	kaffemaskine (f)	['kɑfə maˈskiːnə]
cafeteira (f)	kaffekande (f)	['kɑfəˌkanə]
moinho (m) de café	kaffekværn (f)	['kɑfəˌkvæɐ̯ˀn]
chaleira (f)	kedel (f)	['keðəl]
bule (m)	tekande (f)	['teˌkanə]
tampa (f)	låg (i)	['lɔˀw]
coador (m) de chá	tesi (f)	['teˀsiˀ]
colher (f)	ske (f)	['skeˀ]
colher (f) de chá	teske (f)	['teˀˌskeˀ]
colher (f) de sopa	spiseske (f)	['spiːsəˌskeˀ]
garfo (m)	gaffel (f)	['gɑfəl]
faca (f)	kniv (f)	['kniwˀ]
louça (f)	service (i)	[sæɐ̯ˈviːsə]
prato (m)	tallerken (f)	[taˈlæɐ̯kən]
pires (m)	underkop (f)	['ɔnʌˌkʌp]
cálice (m)	shotglas (i)	['ɕʌtˌglas]
copo (m)	glas (i)	['glas]
chávena (f)	kop (f)	['kʌp]
açucareiro (m)	sukkerskål (f)	['sɔkʌˌskɔˀl]
saleiro (m)	saltbøsse (f)	['saltˌbøsə]
pimenteiro (m)	peberbøsse (f)	['pewʌˌbøsə]

Português	Dinamarquês	Pronúncia
manteigueira (f)	smørskål (f)	['smœɐ̯ˌskɔˀl]
panela, caçarola (f)	gryde (f)	['gʁy:ðə]
frigideira (f)	stegepande (f)	['stajəˌpanə]
concha (f)	slev (f)	['slewˀ]
passador (m)	dørslag (i)	['dœɐ̯ˌslæˀj]
bandeja (f)	bakke (f)	['bakə]
garrafa (f)	flaske (f)	['flaskə]
boião (m) de vidro	glasdåse (f)	['glasˌdɔ:sə]
lata (f)	dåse (f)	['dɔ:sə]
abre-garrafas (m)	oplukker (f)	['ʌpˌlɔkʌ]
abre-latas (m)	dåseåbner (f)	['dɔ:səˌɔ:bnʌ]
saca-rolhas (m)	proptrækker (f)	['pʁʌpˌtʁakʌ]
filtro (m)	filter (i)	['filˀtʌ]
filtrar (vt)	at filtrere	[ʌ filˀtʁɛˀʌ]
lixo (m)	affald, skrald (i)	['awˌfalˀ], ['skʁalˀ]
balde (m) do lixo	skraldespand (f)	['skʁaləˌspanˀ]

67. Casa de banho

Português	Dinamarquês	Pronúncia
quarto (m) de banho	badeværelse (i)	['bæ:ðəˌvæɐ̯ʌlsə]
água (f)	vand (i)	['vanˀ]
torneira (f)	hane (f)	['hæ:nə]
água (f) quente	varmt vand (i)	['vɑˀmt vanˀ]
água (f) fria	koldt vand (i)	['kʌlt vanˀ]
pasta (f) de dentes	tandpasta (f)	['tanˌpasta]
escovar os dentes	at børste tænder	[ʌ 'bœɐ̯stə 'tɛnʌ]
escova (f) de dentes	tandbørste (f)	['tanˌbœɐ̯stə]
barbear-se (vr)	at barbere sig	[ʌ bɑ'beˀʌ sɑj]
espuma (f) de barbear	barberskum (i)	[bɑ'beˀɐ̯ˌskom ˀ]
máquina (f) de barbear	skraber (f)	['skʁɑ:bʌ]
lavar (vt)	at vaske	[ʌ 'vaskə]
lavar-se (vr)	at vaske sig	[ʌ 'vaskə sɑj]
duche (m)	brusebad (i)	['bʁu:səˌbɑð]
tomar um duche	at tage brusebad	[ʌ 'tæˀ 'bʁu:səˌbɑð]
banheira (f)	badekar (i)	['bæ:ðəˌkɑ]
sanita (f)	toiletkumme (f)	[toɑ'lɛt 'kɔmə]
lavatório (m)	håndvask (f)	['hʌnˀˌvask]
sabonete (m)	sæbe (f)	['sɛ:bə]
saboneteira (f)	sæbeskål (f)	['sɛ:bəˌskɔˀl]
esponja (f)	svamp (f)	['svamˀp]
champô (m)	shampoo (f)	['ɕæ:mˌpu:]
toalha (f)	håndklæde (i)	['hʌnˌklɛ:ðə]
roupão (m) de banho	badekåbe (f)	['bæ:ðəˌkɔ:bə]
lavagem (f)	vask (f)	['vask]
máquina (f) de lavar	vaskemaskine (f)	['vaskə ma'ski:nə]

| lavar a roupa | at vaske tøj | [ʌ 'vaskə 'tʌj] |
| detergente (m) | vaskepulver (i) | ['vaskə,pɔl'vʌ] |

68. Eletrodomésticos

televisor (m)	tv, fjernsyn (i)	['teˀ,veˀ], ['fjæɐ̯n,syˀn]
gravador (m)	båndoptager (f)	['bɒn,ʌbtæˀʌ]
videogravador (m)	video (f)	['viˀdjo]
rádio (m)	radio (i)	['ʁɑˀdjo]
leitor (m)	afspiller (f)	['ɑw,spelˀʌ]

projetor (m)	projektor (f)	[pʁo'ɕɛktʌ]
cinema (m) em casa	hjemmebio (f)	['jɛmə,biːo]
leitor (m) de DVD	dvd-afspiller (f)	[deve'deˀ ɑw'spelˀʌ]
amplificador (m)	forstærker (f)	[fʌ'stæɐ̯kʌ]
console (f) de jogos	spillekonsol (f)	['spelə kɔn'sʌlˀ]

câmara (f) de vídeo	videokamera (i)	['viˀdjo ,kæˀməʁɑ]
máquina (f) fotográfica	kamera (i)	['kæˀməʁɑ]
câmara (f) digital	digitalkamera (i)	[digi'tæˀl ,kæˀməʁɑ]

aspirador (m)	støvsuger (f)	['støw,suˀʌ]
ferro (m) de engomar	strygejern (i)	['stʁyəjæɐ̯ˀn]
tábua (f) de engomar	strygebræt (i)	['stʁyə,bʁat]

telefone (m)	telefon (f)	[telə'foˀn]
telemóvel (m)	mobiltelefon (f)	[mo'bil telə'foˀn]
máquina (f) de escrever	skrivemaskine (f)	['skʁiːvə ma'skiːnə]
máquina (f) de costura	symaskine (f)	['syma,skiːnə]

microfone (m)	mikrofon (f)	[mikʁo'foˀn]
auscultadores (m pl)	hovedtelefoner (f pl)	['hoːəð telə'foˀnʌ]
controlo remoto (m)	fjernbetjening (f)	['fjæɐ̯n be'tjɛˀneŋ]

CD (m)	cd (f)	[se'deˀ]
cassete (f)	kassette (f)	[ka'sɛtə]
disco (m) de vinil	plade (f)	['plæːðə]

ATIVIDADES HUMANAS

Emprego. Negócios. Parte 1

69. Escritório. O trabalho no escritório

Português	Dinamarquês	Pronúncia
escritório (~ de advogados)	kontor (i)	[kɔn'toʔɐ̯]
escritório (do diretor, etc.)	kontor (i)	[kɔn'toʔɐ̯]
receção (f)	reception (f)	[ʁɛsəp'ɕoʔn]
secretário (m)	sekretær (f)	[sekʁəˈtɛʔɐ̯]
secretária (f)	sekretær (f)	[sekʁəˈtɛʔɐ̯]
diretor (m)	direktør (f)	[diɐ̯ək'tøʔɐ̯]
gerente (m)	manager (f)	['manidjʌ]
contabilista (m)	bogholder (f)	['bɔwˌhʌlʌ]
empregado (m)	ansat (f)	['ansət]
mobiliário (m)	møbler (pl)	['møʔblʌ]
mesa (f)	bord (i)	['boʔɐ̯]
cadeira (f)	arbejdsstol (f)	['ɑːbɑjdsˌstoʔl]
bloco (m) de gavetas	skuffeboks (f)	['skɔfəˌbʌks]
cabide (m) de pé	stumtjener (f)	['stɔmˌtjɛːnʌ]
computador (m)	computer (f)	[kʌm'pjuːtʌ]
impressora (f)	skriver, printer (f)	['skʁiːvʌ], ['pʁɛntʌ]
fax (m)	fax (f)	['faks]
fotocopiadora (f)	kopimaskine (f)	[ko'pi ma'skiːnə]
papel (m)	papir (i)	[pa'piɐ̯ʔ]
artigos (m pl) de escritório	kontorartikler (f pl)	[kɔn'toʔɐ̯ˌa'tiklʌ]
tapete (m) de rato	musemåtte (f)	['muːsəˌmʌtə]
folha (f) de papel	ark (i)	['ɑːk]
pasta (f)	mappe (f)	['mapə]
catálogo (m)	katalog (i, f)	[kata'loʔ]
diretório (f) telefónico	telefonbog (f)	[teləˈfoːnˌboʔw]
documentação (f)	dokumentation (f)	[dokumɛntaˈɕoʔn]
brochura (f)	brochure (f)	[bʁo'ɕyːʌ]
flyer (m)	reklameblad (i)	[ʁɛ'klæːməˌblað]
amostra (f)	prøve (f)	['pʁœːwə]
formação (f)	træning (f)	['tʁɛːneŋ]
reunião (f)	møde (i)	['møːðə]
hora (f) de almoço	frokostpause (f)	['fʁɔkʌstˌpɑwsə]
fazer uma cópia	at lave en kopi	[ʌ 'læːvə en ko'piʔ]
tirar cópias	at kopiere	[ʌ ko'pjeːʌ]
receber um fax	at modtage en fax	[ʌ 'moðˌtæʔ en 'faks]
enviar um fax	at sende en fax	[ʌ 'sɛnə en 'faks]

fazer uma chamada	at ringe	[ʌ 'ʁɛŋə]
responder (vt)	at svare	[ʌ 'svaːa]
passar (vt)	at give ...	[ʌ 'giˀ ...]
marcar (vt)	at arrangere	[ʌ aaŋ'ɕeˀʌ]
demonstrar (vt)	at demonstrere	[ʌ demɔn'stʁɛˀʌ]
estar ausente	at være fraværende	[ʌ 'vɛːʌ 'fʁa‚vɛˀʌnə]
ausência (f)	fravær (i)	['fʁa‚vɛˀɐ̯]

70. Processos negociais. Parte 1

negócio (m)	forretning (f)	[fʌ'ʁatneŋ]
ocupação (f)	erhverv (i), stilling (f)	[æɐ̯'væɐ̯ˀw], ['steleŋ]
firma, empresa (f)	firma (i)	['fiɐ̯ma]
companhia (f)	selskab (i)	['sɛl‚skæˀb]
corporação (f)	korporation (f)	[kɒpoʁa'ɕoˀn]
empresa (f)	foretagende (i)	['foːɒ‚tæˀjənə]
agência (f)	agentur (i)	[agɛn'tuɐ̯ˀ]
acordo (documento)	aftale (f)	['aw‚tæːlə]
contrato (m)	kontrakt (f)	[kɔn'tʁakt]
acordo (transação)	aftale (f)	['aw‚tæːlə]
encomenda (f)	bestilling (f)	[be'stelˀeŋ]
cláusulas (f pl), termos (m pl)	vilkår (i)	['vil‚kɒˀ]
por grosso (adv)	en gros	[aŋ'gʁo]
por grosso (adj)	engros-	[aŋ'gʁo-]
venda (f) por grosso	engroshandel (f)	[aŋ'gʁo‚hanˀəl]
a retalho	detail-	[de'tajl-]
venda (f) a retalho	detailhandel (f)	[de'tajl‚hanˀəl]
concorrente (m)	konkurrent (f)	[kʌŋko'ʁanˀt]
concorrência (f)	konkurrence (f)	[kʌŋko'ʁaŋsə]
competir (vi)	at konkurrere	[ʌ kʌŋko'ʁɛˀʌ]
sócio (m)	partner (f)	['paːtnʌ]
parceria (f)	partnerskab (i)	['paːtnʌ‚skæˀb]
crise (f)	krise (f)	['kʁiˀsə]
bancarrota (f)	konkurs (f)	[kʌŋ'kuɐ̯ˀs]
entrar em falência	at gå konkurs	[ʌ 'gɔˀ kʌŋ'kuɐ̯ˀs]
dificuldade (f)	vanskelighed (f)	['vanskəli‚heðˀ]
problema (m)	problem (i)	[pʁo'bleˀm]
catástrofe (f)	katastrofe (f)	[kata'stʁoːfə]
economia (f)	økonomi (f)	[økono'miˀ]
económico	økonomisk	[øko'noˀmisk]
recessão (f) económica	økonomisk nedgang (f)	[øko'noˀmisk 'neð‚gaŋˀ]
objetivo (m)	mål (i)	['mɔˀl]
tarefa (f)	opgave (f)	['ʌp‚gæːvə]
comerciar (vi, vt)	at handle	[ʌ 'hanlə]
rede (de distribuição)	netværk (i)	['nɛt‚væɐ̯k]

estoque (m)	lager (i)	['læˀjʌ]
sortimento (m)	sortiment (i)	[sɒti'mɑŋ]
líder (m)	leder (f)	['le:ðʌ]
grande (~ empresa)	stor	['stoˀɐ̯]
monopólio (m)	monopol (i)	[mono'poˀl]
teoria (f)	teori (f)	[teo'ʁiˀ]
prática (f)	praksis (f)	['pʁaksis]
experiência (falar por ~)	erfaring (f)	[æɐ̯'faˀeŋ]
tendência (f)	tendens (f)	[tɛn'dɛnˀs]
desenvolvimento (m)	udvikling (f)	['uðˌvekleŋ]

71. Processos negociais. Parte 2

rentabilidade (f)	udbytte (i), fordel (f)	['uðˌbytə], ['fɒ:ˌdeˀl]
rentável	fordelagtig	[fɒdel'ɑgdi]
delegação (f)	delegation (f)	[deləga'ɕoˀn]
salário, ordenado (m)	løn (f)	['lœnˀ]
corrigir (um erro)	at rette	[ʌ 'ʁatə]
viagem (f) de negócios	forretningsrejse (f)	[fʌ'ʁatneŋsˌʁɑjsə]
comissão (f)	provision (f)	[pʁovi'ɕoˀn]
controlar (vt)	at kontrollere	[ʌ kʌntʁo'leˀʌ]
conferência (f)	konference (f)	[kʌnfə'ʁɑŋsə]
licença (f)	licens (f)	[li'sɛnˀs]
confiável	pålidelig	[pʌ'liðˀəli]
empreendimento (m)	initiativ (i)	[enitia'tiwˀ]
norma (f)	norm (f)	['nɒˀm]
circunstância (f)	omstændighed (f)	[ʌm'stɛnˀdiˌheðˀ]
dever (m)	pligt (f)	['plegt]
empresa (f)	organisation (f)	[ɒganisa'ɕoˀn]
organização (f)	organisering (f)	[ɒgani'seˀɐ̯eŋ]
organizado	organiseret	[ɒgani'seˀʌð]
anulação (f)	annullering (f)	[anu'leˀʁeŋ]
anular, cancelar (vt)	at aflyse, at annullere	[ʌ 'awˌlyˀsə], [ʌ anu'leˀʌ]
relatório (m)	rapport (f)	[ʁɑ'pɒ:t]
patente (f)	patent (i)	[pa'tɛnˀt]
patentear (vt)	at patentere	[ʌ patən'teˀʌ]
planear (vt)	at planlægge	[ʌ 'plæ:nˌlɛgə]
prémio (m)	bonus (f), gratiale (i)	['bo:nus], [gʁati'æ:lə]
profissional	professionel	[pʁo'fɛɕoˌnɛlˀ]
procedimento (m)	procedure (f)	[pʁosə'dy:ʌ]
examinar (a questão)	at undersøge	[ʌ 'ɔnʌˌsø:jə]
cálculo (m)	beregning (f)	[be'ʁɑjˀneŋ]
reputação (f)	rygte (i)	['ʁœgtə]
risco (m)	risiko (f)	['ʁisiko]
dirigir (~ uma empresa)	at styre, at lede	[ʌ 'sty:ʌ], [ʌ 'le:ðə]

informação (f)	oplysninger (f pl)	['ʌpˌly'snɛŋʌ]
propriedade (f)	ejendom (f)	['ɑjənˌdʌmˀ]
união (f)	forbund (i)	['fɔːˌbɔnˀ]

seguro (m) de vida	livsforsikring (f)	['liwsfʌˌsekʁɛŋ]
fazer um seguro	at forsikre	[ʌ fʌ'sekʁʌ]
seguro (m)	forsikring (f)	[fʌ'sekʁɛŋ]

leilão (m)	auktion (f)	[ɑwk'ɕoˀn]
notificar (vt)	at underrette	[ʌ 'ɔnʌˌʁatə]
gestão (f)	ledelse (f)	['leːðəlsə]
serviço (indústria de ~s)	tjeneste (f)	['tjɛːnəstə]

fórum (m)	forum (i)	['foːʁɔm]
funcionar (vi)	at fungere	[ʌ fɔŋ'geˀʌ]
estágio (m)	etape (f)	[e'tapə]
jurídico	juridisk	[ju'ʁiðˀisk]
jurista (m)	jurist (f)	[ju'ʁist]

72. Produção. Trabalhos

usina (f)	værk (i)	['væɐ̯k]
fábrica (f)	fabrik (f)	[fɑ'bʁɛk]
oficina (f)	værksted (i)	['væɐ̯kˌstɛð]
local (m) de produção	produktionssted (i)	[pʁodok'ɕoˀnˌstɛð]

indústria (f)	industri (f)	[endu'stʁiˀ]
industrial	industriel	[endusdʁi'ɛlˀ]
indústria (f) pesada	tung industri (f)	['tɔŋ enduˌstʁiˀ]
indústria (f) ligeira	let industri (f)	[ˌlɛt endu'stʁiˀ]

produção (f)	produktion (f)	[pʁodok'ɕoˀn]
produzir (vt)	at producere	[ʌ pʁodu'seˀʌ]
matérias-primas (f pl)	råstoffer (i pl)	['ʁʌˌstʌfʌ]

chefe (m) de brigada	sjakbajs (f)	['ɕakˌbajˀs]
brigada (f)	sjak (i)	['ɕak]
operário (m)	arbejder (f)	['ɑːˌbajˀdʌ]

dia (m) de trabalho	arbejdsdag (f)	['ɑːbajdsˌdæˀ]
pausa (f)	hvilepause (f)	['viːləˌpawsə]
reunião (f)	møde (i)	['møːðə]
discutir (vt)	at drøfte, at diskutere	[ʌ 'dʁœftə], [ʌ disku'teˀʌ]

plano (m)	plan (f)	['plæˀn]
cumprir o plano	at opfylde planen	[ʌ 'ʌpˌfylˀə 'plæːnən]
taxa (f) de produção	produktionsmål (i)	[pʁodok'ɕoˀns mɔl]
qualidade (f)	kvalitet (f)	[kvali'teˀt]
controlo (m)	kontrol (f)	[kɔn'tʁʌlˀ]
controlo (m) da qualidade	kvalitetskontrol (f)	[kvali'teˀt kɔn'tʁʌlˀ]

segurança (f) no trabalho	arbejdssikkerhed (f)	['ɑːbajds 'sekʌˌheðˀ]
disciplina (f)	disciplin (f)	[disip'liˀn]
infração (f)	brud (i)	['bʁuð]

violar (as regras)	at bryde	[ʌ 'bʁy:ðə]
greve (f)	strejke (f)	['stʁɑjkə]
grevista (m)	strejkende (f)	['stʁɑjkɛnə]
estar em greve	at strejke	[ʌ 'stʁɑjkə]
sindicato (m)	fagforening (f)	['fɑwfʌˌeˀneŋ]

inventar (vt)	at opfinde	[ʌ 'ʌpˌfenˀə]
invenção (f)	opfindelse (f)	['ʌpˌfenˀəlsə]
pesquisa (f)	forskning (f)	['fɔ:skneŋ]
melhorar (vt)	at forbedre	[ʌ fʌ'bɛðˀʁʌ]
tecnologia (f)	teknologi (f)	[tɛknolo'giˀ]
desenho (m) técnico	teknisk tegning (f)	['tɛknisk 'tɑjneŋ]

carga (f)	last (f)	['last]
carregador (m)	lastearbejder (f)	['lastəˈɑːˌbɑjˀdʌ]
carregar (vt)	at laste	[ʌ 'lastə]
carregamento (m)	lastning (f)	['lɑ:stneŋ]
descarregar (vt)	at læsse af	[ʌ 'lɛsə 'æˀ]
descarga (f)	aflæsning (f)	['ɑwˌlɛˀsneŋ]

transporte (m)	transport (f)	[tʁɑns'pɒ:t]
companhia (f) de transporte	transportfirma (i)	[tʁɑns'pɒ:tˌfi̞ɐmɑ]
transportar (vt)	at transportere	[ʌ tʁɑnspɒ'teˀʌ]

vagão (m) de carga	godsvogn (f)	['gɔs 'vɒwˀn]
cisterna (f)	tank (f)	['tɑŋˀk]
camião (m)	lastbil (f)	['lastˌbiˀl]

| máquina-ferramenta (f) | værktøjsmaskine (f) | ['væɐ̯kˌtʌjs ma'ski:nə] |
| mecanismo (m) | mekanisme (f) | [meka'nismə] |

resíduos (m pl) industriais	industrielt affald (i)	[endusdʁi'ɛlˀt 'ɑwˌfalˀ]
embalagem (f)	pakning (f)	['pakneŋ]
embalar (vt)	at pakke	[ʌ 'pakə]

73. Contrato. Acordo

contrato (m)	kontrakt (f)	[kɔn'tʁɑkt]
acordo (m)	aftale (f)	['ɑwˌtæːlə]
adenda (f), anexo (m)	tillæg, bilag (i)	['teˌlɛˀg], ['biˌlæˀj]

assinar o contrato	at indgå kontrakt	[ʌ 'enˌgɔˀ kɔn'tʁɑkt]
assinatura (f)	signatur, underskrift (f)	[sina'tuɐ̯ˀ], ['ɔnʌˌskʁɛft]
assinar (vt)	at underskrive	[ʌ 'ɔnʌˌskʁiˀvə]
carimbo (m)	stempel (i)	['stɛmˀpəl]

objeto (m) do contrato	kontraktens genstand (f)	[kɔn'tʁɑktəns 'gɛnˌstanˀ]
cláusula (f)	klausul (f)	[klɑw'suˀl]
partes (f pl)	parter (f pl)	['pɑˀtʌ]
morada (f) jurídica	juridisk adresse (f)	[ju'ʁiðˀisk a'dʁasə]

violar o contrato	at bryde kontrakten	[ʌ 'bʁy:ðə kɔn'tʁɑktən]
obrigação (f)	forpligtelse (f)	[fʌ'plegtəlsə]
responsabilidade (f)	ansvar (i)	['anˌsvɑˀ]

força (f) maior	force majeure (f)	[ˌfɔːsmaˈɕœːɐ̯]
litígio (m), disputa (f)	strid (f)	[ˈstʁið']
multas (f pl)	strafafgifter (f pl)	[ˈstʁɑf ˈɑwˌgiftʌ]

74. Importação & Exportação

importação (f)	import (f)	[emˈpɒːt]
importador (m)	importør (f)	[empɒˈtøˀɐ̯]
importar (vt)	at importere	[ʌ empɒˈteˀʌ]
de importação	import-	[emˈpɒːt-]

exportação (f)	eksport (f)	[ɛksˈpɒːt]
exportador (m)	eksportør (f)	[ɛkspɒˈtøˀɐ̯]
exportar (vt)	at eksportere	[ʌ ɛkspɒˈteˀʌ]
de exportação	eksport-	[ɛksˈpɒːt-]

| mercadoria (f) | vare (f) | [ˈvɑːɑ] |
| lote (de mercadorias) | parti (i) | [pɑˈtiˀ] |

peso (m)	vægt (f)	[ˈvɛgt]
volume (m)	rumfang (i)	[ˈʁɔmˌfɑŋˀ]
metro (m) cúbico	kubikmeter (f)	[kuˈbikˌmeˀtʌ]

produtor (m)	producent (f)	[pʁoduˈsɛnˀt]
companhia (f) de transporte	transportfirma (i)	[tʁɑnsˈpɒːtˌfigma]
contentor (m)	container (f)	[kʌnˈtɛjnʌ]

fronteira (f)	grænse (f)	[ˈgʁɑnsə]
alfândega (f)	told (f)	[ˈtʌlˀ]
taxa (f) alfandegária	toldafgift (f)	[ˈtʌl ˈɑwˌgift]
funcionário (m) da alfândega	toldbetjent (f)	[ˈtʌl beˈtjɛnˀt]
contrabando (atividade)	smugleri (i)	[ˌsmuːlʌˈʁiˀ]
contrabando (produtos)	smuglergods (i)	[ˈsmuːlʌˌgɔs]

75. Finanças

ação (f)	aktie (f)	[ˈɑkɕə]
obrigação (f)	obligation (f)	[obligaˈɕoˀn]
nota (f) promissória	veksel (f)	[ˈvɛksəl]

| bolsa (f) | børs (f) | [ˈbøɐ̯ˀs] |
| cotação (m) das ações | aktiekurs (f) | [ˈɑkɕəˌkuɐ̯ˀs] |

| tornar-se mais barato | at gå ned | [ʌ gɔˀ ˈneðˀ] |
| tornar-se mais caro | at gå op | [ʌ gɔˀ ˈʌp] |

parte (f)	aktiebeholdning (f)	[ˈɑkɕə beˈhʌlˀneŋ]
participação (f) maioritária	aktiemajoritet (f)	[ˈɑkɕə mɑjʌiˈteˀt]
investimento (m)	investering (f)	[envəˈsteˀɐ̯eŋ]
investir (vt)	at investere	[ʌ envəˈsteˀʌ]
percentagem (f)	procent (f)	[pʁoˈsɛnˀt]
juros (m pl)	rente (f)	[ˈʁɑntə]

lucro (m)	profit, fortjeneste (f)	[pʁo'fit], [fʌ'tjɛˀnəstə]
lucrativo	profitabel	[pʁofi'tæˀbəl]
imposto (m)	skat (f)	['skat]

divisa (f)	valuta (f)	[va'luta]
nacional	national	[naɕo'næˀl]
câmbio (m)	veksling (f)	['vɛkslen]

contabilista (m)	bogholder (f)	['bɔwˌhʌlʌ]
contabilidade (f)	bogholderi (i)	[bɔwhʌlʌ'ʁiˀ]

bancarrota (f)	konkurs (f)	[kʌŋ'kuɐ̯ˀs]
falência (f)	krak (i)	['kʁɑk]
ruína (f)	ruin (f)	[ʁu'iˀn]
arruinar-se (vr)	at blive ruineret	[ʌ 'bli:ə ʁui'neˀʌð]
inflação (f)	inflation (f)	[enfla'ɕoˀn]
desvalorização (f)	devaluering (f)	[devalu'eˀɐ̯eŋ]

capital (m)	kapital (f)	[kapi'tæˀl]
rendimento (m)	indkomst (f)	['enˌkʌmˀst]
volume (m) de negócios	omsætning (f)	['ʌmˌsɛtneŋ]
recursos (m pl)	ressourcer (f pl)	[ʁɛ'suɐ̯sʌ]
recursos (m pl) financeiros	pengemidler (pl)	['pɛŋəˌmiðlʌ]

despesas (f pl) gerais	faste udgifter (f pl)	['fastə 'uðˌgiftʌ]
reduzir (vt)	at reducere	[ʌ ʁɛdu'seˀʌ]

76. Marketing

marketing (m)	markedsføring (f)	['mɑːkəðˌføˀɐ̯eŋ]
mercado (m)	marked (m)	['mɑːkəð]
segmento (m) do mercado	markedssegment (i)	['mɑːkəðs seg'mɛnˀt]
produto (m)	produkt (i)	[pʁo'dɔkt]
mercadoria (f)	vare (f)	['vɑːɑ]

marca (f)	mærke (i)	['mæɐ̯kə]
marca (f) comercial	varemærke (i)	['vɑːɑˌmæɐ̯kə]
logotipo (m)	firmamærke (i)	['fiɐ̯maˌmæɐ̯kə]
logo (m)	logo (i, f)	['loːgo]

demanda (f)	efterspørgsel (f)	['ɛftʌˌspœɐ̯səl]
oferta (f)	udbud (i)	['uðˌbuð]
necessidade (f)	behov (i)	[be'hɔw]
consumidor (m)	konsument, forbruger (f)	[kʌnsu'mɛnˀt], [fʌ'bʁuˀʌ]

análise (f)	analyse (f)	[ana'lyːsə]
analisar (vt)	at analysere	[ʌ analy'seˀʌ]

posicionamento (m)	positionering (f)	[posiɕo'neˀʁeŋ]
posicionar (vt)	at positionere	[ʌ posiɕo'neˀʌ]

preço (m)	pris (f)	['pʁiˀs]
política (f) de preços	prispolitik (f)	['pʁis poli'tik]
formação (f) de preços	prisdannelse (f)	['pʁisˌdanəlsə]

77. Publicidade

publicidade (f)	reklame (f)	[ʁɛ'klæːmə]
publicitar (vt)	at reklamere	[ʌ ʁɛkla'meʔʌ]
orçamento (m)	budget (i)	[by'ɕɛt]
anúncio (m) publicitário	annonce (f)	[a'nʌŋsə]
publicidade (f) televisiva	tv-reklame (f)	['teˌve ʁɛ'klæːmə]
publicidade (f) na rádio	radioreklame (f)	['ʁadjo ʁɛ'klæːmə]
publicidade (f) exterior	udendørs reklame (f)	['uðənˌdœʁ̥ˀs ʁɛ'klæːmə]
comunicação (f) de massa	massemedier (i pl)	['maseˌmeʔdjʌ]
periódico (m)	tidsskrift (i)	['tiðsˌskʁɛft]
imagem (f)	image (i)	['imidɕ]
slogan (m)	slogan (i)	['sloːgan]
mote (m), divisa (f)	motto (f)	['mʌto]
campanha (f)	kampagne (f)	[kam'panjə]
companha (f) publicitária	reklamekampagne (f)	[ʁɛ'klæːmə kam'panjə]
grupo (m) alvo	målgruppe (f)	['mɔːlˌgʁupə]
cartão (m) de visita	visitkort (i)	[vi'sitˌkɒːt]
flyer (m)	reklameblad (i)	[ʁɛ'klæːməˌblað]
brochura (f)	brochure (f)	[bʁo'ɕyːʌ]
folheto (m)	folder (f)	['fʌlʌ]
boletim (~ informativo)	nyhedsbrev (i)	['nyheðˌbʁɛwˀ]
letreiro (m)	skilt (i)	['skelʔt]
cartaz, póster (m)	poster (f)	['pɔwstʌ]
painel (m) publicitário	reklameskilt (i)	[ʁɛ'klæːməˌskelʔt]

78. Banca

banco (m)	bank (f)	['baŋʔk]
sucursal, balcão (f)	afdeling (f)	['awˌdeʔleŋ]
consultor (m)	konsulent (f)	[kʌnsu'lɛnʔt]
gerente (m)	forretningsfører (f)	[fʌ'ʁatneŋsˌføːʌ]
conta (f)	bankkonto (f)	['baŋʔkˌkʌnto]
número (m) da conta	kontonummer (i)	['kʌntoˌnɔmʔʌ]
conta (f) corrente	checkkonto (f)	['ɕɛkˌkʌnto]
conta (f) poupança	opsparingskonto (f)	['ʌpˌspaʔeŋs ˌkʌnto]
abrir uma conta	at åbne en konto	[ʌ 'ɔːbnə en 'kʌnto]
fechar uma conta	at lukke kontoen	[ʌ 'lɔkə 'kʌntoːən]
depositar na conta	at sætte ind på kontoen	[ʌ 'sɛtə 'enʔ pɔ 'kʌntoːən]
levantar (vt)	at hæve fra kontoen	[ʌ 'hɛːvə fʁa 'kʌntoːən]
depósito (m)	indskud (i)	['enˌskuð]
fazer um depósito	at indsætte	[ʌ 'enˌsɛtə]
transferência (f) bancária	overførelse (f)	['ɒwʌˌføːʌlsə]

73

transferir (vt)	at overføre	[ʌ 'ɒwʌˌføˀʌ]
soma (f)	sum (f)	['sɔmˀ]
Quanto?	Hvor meget?	[vɒˀ 'mɑɑð]
assinatura (f)	signatur, underskrift (f)	[sina'tuɐ̯ˀ], ['ɔnʌˌskʁɛft]
assinar (vt)	at underskrive	[ʌ 'ɔnʌˌskʁiˀvə]
cartão (m) de crédito	kreditkort (i)	[kʁɛ'dit kɒːt]
código (m)	kode (f)	['koːðə]
número (m) do cartão de crédito	kreditkortnummer (i)	[kʁɛ'dit kɒːt 'nɔmˀʌ]
Caixa Multibanco (m)	pengeautomat (f)	['pɛŋə ɑwto'mæˀt]
cheque (m)	check (f)	['ɕɛk]
passar um cheque	at skrive en check	[ʌ 'skʁiːvə en 'ɕɛk]
livro (m) de cheques	checkhæfte (i)	['ɕɛkˌhɛftə]
empréstimo (m)	lån (i)	['lɔˀn]
pedir um empréstimo	at ansøge om lån	[ʌ 'anˌsøːə ɒm 'lɔˀn]
obter um empréstimo	at få et lån	[ʌ 'fɔˀ et 'lɔˀn]
conceder um empréstimo	at yde et lån	[ʌ 'yːðə et 'lɔˀn]
garantia (f)	garanti (f)	[gɑɑn'tiˀ]

79. Telefone. Conversação telefónica

telefone (m)	telefon (f)	[telə'foˀn]
telemóvel (m)	mobiltelefon (f)	[mo'bil telə'foˀn]
secretária (f) electrónica	telefonsvarer (f)	[telə'foːnˌsvɑːɑ]
fazer uma chamada	at ringe	[ʌ 'ʁɛŋə]
chamada (f)	telefonsamtale (f)	[telə'foːn 'samˌtæːlə]
marcar um número	at taste et nummer	[ʌ 'tastə et 'nɔmˀʌ]
Alô!	Hallo!	[ha'lo]
perguntar (vt)	at spørge	[ʌ 'spœɐ̯ʌ]
responder (vt)	at svare	[ʌ 'svɑːɑ]
ouvir (vt)	at høre	[ʌ 'høːʌ]
bem	godt	['gʌt]
mal	dårligt	['dɒːlit]
ruído (m)	støj (f)	['stʌjˀ]
auscultador (m)	telefonrør (i)	[telə'foːnˌʁœˀɐ̯]
pegar o telefone	at tage telefonen	[ʌ 'tæˀ telə'foˀnən]
desligar (vi)	at lægge på	[ʌ 'lɛgə pɔˀ]
ocupado	optaget	['ʌpˌtæˀj]
tocar (vi)	at ringe	[ʌ 'ʁɛŋə]
lista (f) telefónica	telefonbog (f)	[telə'foːnˌboˀw]
local	lokal-	[lo'kæl-]
chamada (f) local	lokalopkald (i)	[lo'kæˀl 'ʌpˌkalˀ]
de longa distância	fjern-	['fjæɐ̯n-]
chamada (f) de longa distância	fjernopkald (i)	['fjæɐ̯n 'ʌpˌkalˀ]

internacional	international	['entʌnaɕoˌnæˀl]
chamada (f) internacional	internationalt opkald (i)	['entʌnaɕoˌnæˀlt 'ʌpˌkalˀ]

80. Telefone móvel

telemóvel (m)	mobiltelefon (f)	[mo'bil tele'foˀn]
ecrã (m)	skærm (f)	['skæɡˀm]
botão (m)	knap (f)	['knap]
cartão SIM (m)	SIM-kort (i)	['semˌkɒ:t]
bateria (f)	batteri (i)	[batʌ'ʁiˀ]
descarregar-se	at blive afladet	[ʌ 'bli:ə 'awˌlæˀðəð]
carregador (m)	oplader (f)	['ʌplˌlæˀðʌ]
menu (m)	menu (f)	[me'ny]
definições (f pl)	indstillinger (f pl)	['enˌstelˀeŋʌ]
melodia (f)	melodi (f)	[melo'diˀ]
escolher (vt)	at vælge	[ʌ 'vɛljə]
calculadora (f)	lommeregner (f)	['lʌməˌʁajnʌ]
correio (m) de voz	telefonsvarer (f)	[tele'fo:nˌsvaːɑ]
despertador (m)	vækkeur (i)	['vɛkəˌuɐˀ]
contatos (m pl)	kontakter (f pl)	[kɔn'taktʌ]
mensagem (f) de texto	SMS (f)	[ɛsɛm'ɛs]
assinante (m)	abonnent (f)	[abo'nɛnˀt]

81. Estacionário

caneta (f)	kuglepen (f)	['ku:ləˌpɛnˀ]
caneta (f) tinteiro	fyldepen (f)	['fyləˌpɛnˀ]
lápis (m)	blyant (f)	['bly:ˌanˀt]
marcador (m)	mærkepen (f)	[mɑ'køɡˌpɛnˀ]
caneta (f) de feltro	tuschpen (f)	['tuɕˌpɛnˀ]
bloco (m) de notas	notesblok (f)	['noːtəsˌblʌk]
agenda (f)	dagbog (f)	['dawˌbɔˀw]
régua (f)	lineal (f)	[line'æˀl]
calculadora (f)	regnemaskine (f)	['ʁajnə maˈskiːnə]
borracha (f)	viskelæder (i)	['veskəˌlɛðˀʌ]
pionés (m)	tegnestift (f)	['tajnəˌsteft]
clipe (m)	clips (i)	['kleps]
cola (f)	lim (f)	['liˀm]
agrafador (m)	hæftemaskine (f)	['hɛfta maˈskiːnə]
furador (m)	hullemaskine (f)	['hɔlə maˈskiːnə]
afia-lápis (m)	blyantspidser (f)	['bly:antˌspesʌ]

82. Tipos de negócios

serviços (m pl) de contabilidade	bogføringstjenester (f pl)	['bɔwˌføˀʁeŋ ˌtjɛːnəstʌ]
publicidade (f)	reklame (f)	[ʁɛ'klæːmə]
agência (f) de publicidade	reklamebureau (i)	[ʁɛ'klæːmə byˌʁo]
ar (m) condicionado	klimaanlæg (i pl)	['kliːma'anˌlɛˀg]
companhia (f) aérea	flyselskab (i)	['flyˀsɛlˌskæˀb]

bebidas (f pl) alcoólicas	alkoholiske drikke (f pl)	[alko'hoˀliskə 'dʁɛkə]
comércio (m) de antiguidades	antikviteter (f pl)	[antikvi'teˀtʌ]
galeria (f) de arte	kunstgalleri (i)	['kɔnˀst galʌ'ʁiˀ]
serviços (m pl) de auditoria	revisionstjenester (f pl)	[ʁeviˈɕons ˌtjɛːnəstʌ]

negócios (m pl) bancários	bankvæsen (i)	['bɑŋˀkˌvɛːsən]
bar (m)	bar (f)	['bɑˀ]
salão (m) de beleza	skønhedssalon (f)	['skœnheðs sa'lʌŋ]
livraria (f)	boghandel (f)	['bɔwˌhanˀəl]
cervejaria (f)	bryggeri (i)	[bʁœgʌ'ʁiˀ]
centro (m) de escritórios	forretningscenter (i)	[fʌ'ʁatneŋˌsɛnˀtʌ]
escola (f) de negócios	handelsskole (f)	['hanəlsˌskoːlə]

casino (m)	kasino (i)	[ka'siːno]
construção (f)	byggeri (i)	[bygʌ'ʁiˀ]
serviços (m pl) de consultoria	konsulenttjenester (f pl)	[kʌnsu'lɛnt ˌtjɛːnəstʌ]

estomatologia (f)	tandklinik (f)	['tan kli'nik]
design (m)	design (i)	[de'sajn]
farmácia (f)	apotek (i)	[apo'teˀk]
lavandaria (f)	renseri (i)	[ʁansʌ'ʁiˀ]
agência (f) de emprego	arbejdsformidling (f)	['ɑːbajds fʌ'miðleŋ]

serviços (m pl) financeiros	finansielle tjenester (f pl)	[finan'ɕɛlˀə ˌtjɛːnəstʌ]
alimentos (m pl)	madvarer (f pl)	['maðvɑːʌ]
agência (f) funerária	begravelseskontor (i)	[be'gʁɑˀwəlsəs kɔn'toˀɐ̯]
mobiliário (m)	møbler (pl)	['møˀblʌ]
roupa (f)	klæder (i pl)	['klɛːðʌ]
hotel (m)	hotel (i)	[ho'tɛlˀ]

gelado (m)	is (f)	['iˀs]
indústria (f)	industri (f)	[endu'stʁiˀ]
seguro (m)	forsikring (f)	[fʌ'sekʁɛŋ]
internet (f)	internet (i)	['entʌˌnɛt]
investimento (m)	investering (f)	[envə'steˀɐ̯eŋ]

joalheiro (m)	juveler (f)	[juvə'leˀɐ̯]
joias (f pl)	smykker (i pl)	['smøkʌ]
lavandaria (f)	vaskeri (i)	[vaskʌ'ʁiˀ]
serviços (m pl) jurídicos	juridisk rådgiver (f)	[ju'ʁiðˀisk 'ʁɔˀðˌgiˀvʌ]
indústria (f) ligeira	letindustri (f)	[ˌlɛd endu'stʁiˀ]

revista (f)	magasin, tidsskrift (i)	[mɑga'siˀn], ['tiðsˌskʁɛft]
vendas (f pl) por catálogo	postordresalg (i)	['pʌstˌpˀdʁʌˌsalˀj]
medicina (f)	medicin (f)	[medi'siˀn]

cinema (m)	biograf (f)	[bio'gʁɑˀf]
museu (m)	museum (i)	[muˈsɛːɔm]
agência (f) de notícias	nyhedsbureau (i)	['nyheðs by,ʁo]
jornal (m)	avis (f)	[aˈviˀs]
clube (m) noturno	natklub (f)	['nat‚klub]
petróleo (m)	olie (f)	['oljə]
serviço (m) de encomendas	kurertjeneste (f)	[kuˈʁɛˀɡ̊ ˈtjɛːnəstə]
indústria (f) farmacêutica	farmaci (f)	[fɑmɑˈsiˀ]
poligrafia (f)	trykkeri (i)	[tʁœkʌˈʁiˀ]
editora (f)	forlag (i)	[ˈfɒːˌlæˀj]
rádio (m)	radio (f)	[ˈʁɑˀdjo]
imobiliário (m)	fast ejendom (f)	[ˈfast ˈɑjənˌdʌmˀ]
restaurante (m)	restaurant (f)	[ʁɛstoˈʁɑŋ]
empresa (f) de segurança	sikkerhedsselskab (i)	[ˈsekʌˌheðs ˈsɛlˌskæˀb]
desporto (m)	sport (f)	[ˈspɒːt]
bolsa (f)	børs (f)	[ˈbøɡ̊ˀs]
loja (f)	forretning (f), butik (f)	[fʌˈʁatnen], [buˈtik]
supermercado (m)	supermarked (i)	[ˈsuˀpʌˌmɑːkəð]
piscina (f)	svømmebassin (i)	[ˈsvœməbaˌsɛŋ]
alfaiataria (f)	skrædderi (i)	[skʁɑðəˈʁiˀ]
televisão (f)	fjernsyn (i), tv (i)	[ˈfjæɡ̊nˌsyˀn], [ˈteˀˌveˀ]
teatro (m)	teater (i)	[teˈæˀtʌ]
comércio (atividade)	handel (f)	[ˈhanˀəl]
serviços (m pl) de transporte	transport (f)	[tʁansˈpɒːt]
viagens (f pl)	turisme (f)	[tuˈʁismə]
veterinário (m)	dyrlæge (f)	[ˈdyɡ̊ˌlɛːjə]
armazém (m)	lager (i)	[ˈlæˀjʌ]
recolha (f) do lixo	affalds indsamling (f)	[ˈɑwfalˀs ˈenˌsamˀleŋ]

Emprego. Negócios. Parte 2

83. Espetáculo. Feira

feira (f)	messe (f)	['mɛsə]
feira (f) comercial	handelsmesse (f)	['hanels͵mɛsə]
participação (f)	deltagelse (f)	['del͵tæˀjəlsə]
participar (vi)	at deltage	[ʌ 'del͵tæˀ]
participante (m)	deltager (f)	['del͵tæˀjʌ]
diretor (m)	direktør (f)	[diʁək'tøˀɐ̯]
direção (f)	arrangørkontor (i)	[aɑŋ'ɕøˀɐ̯ kɔn'toˀɐ̯]
organizador (m)	arrangør (f)	[aɑŋ'ɕøˀɐ̯]
organizar (vt)	at organisere	[ʌ ɒgani'seˀʌ]
ficha (f) de inscrição	bestillingsskema (i)	[be'stelˀeŋs'skeːma]
preencher (vt)	at udfylde	[ʌ 'uð͵fylˀə]
detalhes (m pl)	detaljer (f pl)	[de'taljʌ]
informação (f)	information (f)	[enfɒma'ɕoˀn]
preço (m)	pris (f)	['pʁiˀs]
incluindo	inklusive	['enklu͵siˀvə]
incluir (vt)	at inkludere	[ʌ enklu'deˀʌ]
pagar (vt)	at betale	[ʌ be'tæˀlə]
taxa (f) de inscrição	registreringsafgift (f)	[ʁɛgi'stʁɛˀɐ̯eŋs 'aw͵gift]
entrada (f)	indgang (f)	['en͵gɑŋˀ]
pavilhão (m)	pavillon (f)	[pavil'jʌŋ]
inscrever (vt)	at registrere	[ʌ ʁɛgi'stʁɛˀʌ]
crachá (m)	badge (i, f)	['badɕ]
stand (m)	stand (f)	['stanˀ]
reservar (vt)	at reservere	[ʌ ʁɛsæɐ̯'veˀʌ]
vitrina (f)	glasmontre (f)	['glas͵mɒntʁʌ]
foco, spot (m)	lampe (f), spot (f)	['lampə], ['spʌt]
design (m)	design (i)	[de'sɑjn]
pôr, colocar (vt)	at placere	[ʌ pla'seˀʌ]
ser colocado, -a	at blive placeret	[ʌ 'bliːə pla'seˀʌð]
distribuidor (m)	distributør (f)	[distʁibu'tøˀɐ̯]
fornecedor (m)	leverandør (f)	[levəʁan'døˀɐ̯]
fornecer (vt)	at levere	[ʌ le'veˀʌ]
país (m)	land (i)	['lanˀ]
estrangeiro	udenlandsk	['uðən͵lanˀsk]
produto (m)	produkt (i)	[pʁo'dɔkt]
associação (f)	forening (f)	[fʌ'eˀneŋ]
sala (f) de conferências	konferencesal (f)	[kʌnfə'ʁansə͵sæˀl]

| congresso (m) | kongres (f) | [kʌŋˈgʁas] |
| concurso (m) | konkurrence (f) | [kʌŋkoˈʁɑŋsə] |

visitante (m)	besøgende (f)	[beˈsøˀjənə]
visitar (vt)	at besøge	[ʌ beˈsøˀjə]
cliente (m)	kunde (f)	[ˈkɔnə]

84. Ciência. Investigação. Cientistas

ciência (f)	videnskab (f)	[ˈviðənˌskæˀb]
científico	videnskabelig	[ˈviðənˌskæˀbəli]
cientista (m)	videnskabsmand (f)	[ˈviðənˌskæˀbs manˀ]
teoria (f)	teori (f)	[teoˈʁiˀ]

axioma (m)	aksiom (i)	[akˈɕoˀm]
análise (f)	analyse (f)	[anaˈlyːsə]
analisar (vt)	at analysere	[ʌ analyˈseˀʌ]
argumento (m)	argument (i)	[aguˈmɛnˀt]
substância (f)	stof (i), substans (f)	[ˈstʌf], [subˈstanˀs]

hipótese (f)	hypotese (f)	[hypoˈteːsə]
dilema (m)	dilemma (i)	[diˈlɛma]
tese (f)	afhandling (f)	[ˈɑwˌhanˀleŋ]
dogma (m)	dogme (i)	[ˈdɒwmə]

doutrina (f)	doktrin (f)	[dʌkˈtʁiˀn]
pesquisa (f)	forskning (f)	[ˈfɔːskneŋ]
pesquisar (vt)	at forske	[ʌ ˈfɔːskə]
teste (m)	test (f)	[ˈtɛst]
laboratório (m)	laboratorium (i)	[laboʁɑˈtoʁˀjɔm]

método (m)	metode (f)	[meˈtoːðə]
molécula (f)	molekyle (i)	[moləˈkyːlə]
monitoramento (m)	overvågning (f)	[ˈɒwʌˌvɔwˀneŋ]
descoberta (f)	opdagelse (f)	[ˈʌpˌdæˀjəlsə]

postulado (m)	postulat (i)	[pʌstuˈlæˀt]
princípio (m)	princip (i)	[pʁinˈsip]
prognóstico (previsão)	prognose (f)	[pʁoˈnoːsə]
prognosticar (vt)	at prognosticere	[ʌ pʁonʌstiˈseˀʌ]

síntese (f)	syntese (f)	[synˈteːsə]
tendência (f)	tendens (f)	[tɛnˈdɛnˀs]
teorema (m)	teorem (i)	[teoˈʁɛˀm]

ensinamentos (m pl)	lærer (f pl)	[ˈlɛːʌ]
facto (m)	faktum (i)	[ˈfaktɔm]
expedição (f)	ekspedition (f)	[ɛkspediˈɕoˀn]
experiência (f)	eksperiment (i)	[ɛkspæʁiˈmɛnˀt]

académico (m)	akademiker (f)	[akaˈdeˀmikʌ]
bacharel (m)	bachelor (f)	[ˈbadɕəlʌ]
doutor (m)	doktor (f)	[ˈdʌktʌ]
docente (m)	docent (f)	[doˈsɛnˀt]

mestre (m)	**magister** (f)	[ma'gistʌ]
professor (m) catedrático	**professor** (f)	[pʀo'fɛsʌ]

Profissões e ocupações

85. Procura de emprego. Demissão

trabalho (m)	arbejde (i), job (i)	['ɑːˌbɑj'də], ['djʌb]
equipa (f)	ansatte (pl), stab (f)	['anˌsatə], ['stæʔb]
pessoal (m)	personale (i, f)	[pæɐ̯so'næːlə]
carreira (f)	karriere (f)	[kɑi'ɛːʌ]
perspetivas (f pl)	udsigter (f pl)	['uðˌsegtʌ]
mestria (f)	mesterskab (i)	['mɛstʌˌskæʔb]
seleção (f)	udvalg (i), udvælgelse (f)	['uðˌvalʔj], ['uðˌvɛlʔjəlsə]
agência (f) de emprego	arbejdsformidling (f)	['ɑːbɑjds fʌ'miðleŋ]
CV, currículo (m)	CV (i), curriculum vitæ (i)	[se'veʔ], [ku'ʁikulɔm 'viːˌtɛʔ]
entrevista (f) de emprego	jobsamtale (f)	['djʌb 'sɑmˌtæːlə]
vaga (f)	ledig stilling (f)	['leːði 'steleŋ]
salário (m)	løn (f)	['lœnʔ]
salário (m) fixo	fast løn (f)	['fast lœnʔ]
pagamento (m)	betaling (f)	[be'tæʔleŋ]
posto (m)	stilling (f)	['steleŋ]
dever (do empregado)	pligt (f)	['plegt]
gama (f) de deveres	arbejdspligter (f pl)	['ɑːbɑjds 'plegtʌ]
ocupado	optaget	['ʌpˌtæʔj]
despedir, demitir (vt)	at afskedige	[ʌ 'awˌskeʔðiə]
demissão (f)	afskedigelse (f)	['awˌskeʔðˌiʔəlsə]
desemprego (m)	arbejdsløshed (f)	['ɑːbɑjdsˌløːsheðʔ]
desempregado (m)	arbejdsløs (f)	['ɑːbɑjdsˌløʔs]
reforma (f)	pension (f)	[pɑŋ'ɕoʔn]
reformar-se	at gå på pension	[ʌ gɔʔ pɔ pɑŋ'ɕoʔn]

86. Gente de negócios

diretor (m)	direktør (f)	[diʁək'tøʔɐ̯]
gerente (m)	forretningsfører (f)	[fʌ'ʁatneŋsˌføːʌ]
patrão, chefe (m)	boss (f)	['bʌs]
superior (m)	overordnet (f)	['ɒwʌˌɒʔdneð]
superiores (m pl)	overordnede (pl)	['ɒwʌˌɒʔdneðə]
presidente (m)	præsident (f)	[pʁɛsi'dɛnʔt]
presidente (m) de direção	formand (f)	['fɔːˌmanʔ]
substituto (m)	stedfortræder (f)	['stɛð fʌˌtʁɛʔðʌ]
assistente (m)	assistent (f)	[asi'stɛnʔt]

Portuguese	Danish	IPA
secretário (m)	sekretær (f)	[sekʁəˈtɛˀɐ̯]
secretário (m) pessoal	privatsekretær (f)	[pʁiˈvæt sekʁəˈtɛˀɐ̯]
homem (m) de negócios	forretningsmand (f)	[fʌˈʁatneŋsˌmanˀ]
empresário (m)	entreprenør (f)	[ɑŋtʁepʁɛˈnøˀɐ̯]
fundador (m)	grundlægger (f)	[ˈgʁɔnˀˌlɛgʌ]
fundar (vt)	at grundlægge	[ʌ ˈgʁɔnˀˌlɛgə]
fundador, sócio (m)	stifter (f)	[ˈsteftʌ]
parceiro, sócio (m)	partner (f)	[ˈpɑːtnʌ]
acionista (m)	aktionær (f)	[akɕoˈnɛˀɐ̯]
milionário (m)	millionær (f)	[miljoˈnɛˀɐ̯]
bilionário (m)	milliardær (f)	[miljɑˈdɛˀɐ̯]
proprietário (m)	ejer (f)	[ˈɑjʌ]
proprietário (m) de terras	jordbesidder (f)	[ˈjoɐ̯beˌsiðˀʌ]
cliente (m)	kunde (f)	[ˈkɔnə]
cliente (m) habitual	stamkunde, fast kunde (f)	[ˈstɑmˌkɔnə], [ˈfast ˌkɔnə]
comprador (m)	køber (f)	[ˈkøːbʌ]
visitante (m)	besøgende (f)	[beˈsøˀjənə]
profissional (m)	professionel (f)	[pʁoˈfɛɕoˌnɛlˀ]
perito (m)	ekspert (f)	[ɛksˈpæɐ̯t]
especialista (m)	specialist (f)	[speɕaˈlist]
banqueiro (m)	bankier (f)	[bɑŋˈkje]
corretor (m)	mægler (f)	[ˈmɛjlʌ]
caixa (m, f)	kasserer (f)	[kaˈseˀʌ]
contabilista (m)	bogholder (f)	[ˈbɔwˌhʌlʌ]
guarda (m)	sikkerhedsvagt (f)	[ˈsekʌˌheðs ˈvɑgt]
investidor (m)	investor (f)	[enˈvɛstʌ]
devedor (m)	skyldner (f)	[ˈskylnʌ]
credor (m)	kreditor (f)	[ˈkʁɛditʌ]
mutuário (m)	låntager (f)	[ˈlɔːnˌtæˀjʌ]
importador (m)	importør (f)	[empɒˈtøˀɐ̯]
exportador (m)	eksportør (f)	[ɛkspɒˈtøˀɐ̯]
produtor (m)	producent (f)	[pʁoduˈsɛnˀt]
distribuidor (m)	distributør (f)	[distʁibuˈtøˀɐ̯]
intermediário (m)	mellemmand (f)	[ˈmɛləmˌmanˀ]
consultor (m)	konsulent (f)	[kʌnsuˈlɛnˀt]
representante (m)	repræsentant (f)	[ʁepʁɛsənˈtanˀt]
agente (m)	agent (f)	[aˈgɛnˀt]
agente (m) de seguros	forsikringsagent (f)	[fʌˈsekʁɛŋs aˈgɛnˀt]

87. Profissões de serviços

Portuguese	Danish	IPA
cozinheiro (m)	kok (f)	[ˈkʌk]
cozinheiro chefe (m)	køkkenchef (f)	[ˈkøkənˌɕɛˀf]

padeiro (m)	bager (f)	['bæ:jʌ]
barman (m)	bartender (f)	['bɑːˌtɛndʌ]
empregado (m) de mesa	tjener (f)	['tjɛ:nʌ]
empregada (f) de mesa	servitrice (f)	[sæɐ̯vi'tʁi:sə]

advogado (m)	advokat (f)	[aðvo'kæˀt]
jurista (m)	jurist (f)	[juˈʁist]
notário (m)	notar (f)	[no'tɑˀ]

eletricista (m)	elektriker (f)	[e'lɛktʁikʌ]
canalizador (m)	blikkenslager (f)	['blekənˌslæˀjʌ]
carpinteiro (m)	tømrer (f)	['tœmʁʌ]

massagista (m)	massør (f)	[ma'søˀɐ̯]
massagista (f)	massøse (f)	[ma'sø:sə]
médico (m)	læge (f)	['lɛ:jə]

taxista (m)	taxichauffør (f)	['tɑksi ɕo'føˀɐ̯]
condutor (automobilista)	chauffør (f)	[ɕo'føˀɐ̯]
entregador (m)	bud (i)	['buð]

camareira (f)	stuepige (f)	['stuəˌpi:ə]
guarda (m)	sikkerhedsvagt (f)	['sekʌˌheðs 'vɑgt]
hospedeira (f) de bordo	stewardesse (f)	[stjuɑ'dɛsə]

professor (m)	lærer (f)	['lɛ:ʌ]
bibliotecário (m)	bibliotekar (f)	[bibliotə'kɑˀ]
tradutor (m)	oversætter (f)	['ɒwʌˌsɛtʌ]
intérprete (m)	tolk (f)	['tʌlˀk]
guia (pessoa)	guide (f)	['gɑjd]

cabeleireiro (m)	frisør (f)	[fʁi'søˀɐ̯]
carteiro (m)	postbud (i)	['pʌstˌbuð]
vendedor (m)	sælger (f)	['sɛljʌ]

jardineiro (m)	gartner (f)	['gɑ:tnʌ]
criado (m)	tjener (f)	['tjɛ:nʌ]
criada (f)	tjenestepige (f)	['tjɛ:nəstəˌpi:ə]
empregada (f) de limpeza	rengøringskone (f)	['ʁɛ:nˌgœˀɐ̯eŋs 'ko:nə]

88. Profissões militares e postos

soldado (m) raso	menig (f)	['me:ni]
sargento (m)	sergent (f)	[sæɐ̯'ɕanˀt]
tenente (m)	løjtnant (f)	['lʌjtˌnanˀt]
capitão (m)	kaptajn (f)	[kɑp'tɑjˀn]

major (m)	major (f)	[ma'joˀɐ̯]
coronel (m)	oberst (f)	['oˀbʌst]
general (m)	general (f)	[genə'ʁɑˀl]
marechal (m)	marskal (f)	['mɑːˌɕalˀ]
almirante (m)	admiral (f)	[aðmi'ʁɑˀl]
militar (m)	militær (i)	[mili'tɛˀɐ̯]
soldado (m)	soldat (f)	[sol'dæˀt]

oficial (m)	officer (f)	[ʌfi'seˀɐ̯]
comandante (m)	befalingsmand (f)	[be'fæˀleŋsˌmanˀ]

guarda (m) fronteiriço	grænsevagt (f)	['gʁɑnsəˌvɑgt]
operador (m) de rádio	radiooperatør (f)	['ʁadjo opəʁɑ'tøˀɐ̯]
explorador (m)	opklaringssoldat (f)	['ʌpˌklɑˀeŋs sol'dæˀt]
sapador (m)	pioner (f)	[pio'neˀɐ̯]
atirador (m)	skytte (f)	['skøtə]
navegador (m)	styrmand (f)	['styɐ̯ˌmanˀ]

89. Oficiais. Padres

rei (m)	konge (f)	['kʌŋə]
rainha (f)	dronning (f)	['dʁʌneŋ]
príncipe (m)	prins (f)	['pʁɛnˀs]
princesa (f)	prinsesse (f)	[pʁɛn'sɛsə]
czar (m)	tsar (f)	['sɑˀ]
czarina (f)	tsarina (f)	[sa'ʁi:na]
presidente (m)	præsident (f)	[pʁɛsi'dɛnˀt]
ministro (m)	minister (f)	[mi'nistʌ]
primeiro-ministro (m)	statsminister (f)	['stæts mi'nistʌ]
senador (m)	senator (f)	[se'næ:tʌ]
diplomata (m)	diplomat (f)	[diplo'mæˀt]
cônsul (m)	konsul (f)	['kʌnˌsuˀl]
embaixador (m)	ambassadør (f)	[ɑmbasa'døˀɐ̯]
conselheiro (m)	rådgiver (f)	['ʁɔˀðˌgiˀvʌ]
funcionário (m)	embedsmand (f)	['ɛmbeðsˌmanˀ]
prefeito (m)	præfekt (f)	[pʁɛ'fɛkt]
Presidente (m) da Câmara	borgmester (f)	[bɒw'mɛstʌ]
juiz (m)	dommer (f)	['dʌmʌ]
procurador (m)	anklager (f)	['anˌklæˀjʌ]
missionário (m)	missionær (f)	[miço'nɛˀɐ̯]
monge (m)	munk (f)	['mɔŋˀk]
abade (m)	abbed (f)	['ɑbeð]
rabino (m)	rabbiner (f)	[ʁa'biˀnʌ]
vizir (m)	vesir (f)	[ve'siɐ̯ˀ]
xá (m)	shah (f)	['ɕæˀ]
xeque (m)	sheik (f)	['ɕɑjˀk]

90. Profissões agrícolas

apicultor (m)	biavler (f)	['biˌawlʌ]
pastor (m)	hyrde (f)	['hyɐ̯də]
agrónomo (m)	agronom (f)	[agʁo'noˀm]

| criador (m) de gado | kvægavler (f) | ['kvɛjˌawlʌ] |
| veterinário (m) | dyrlæge (f) | ['dyɐ̯ˌlɛːjə] |

agricultor (m)	landmand, bonde (f)	['lanˌmanˀ], ['bɔnə]
vinicultor (m)	vinavler (f)	['viːnˌawlʌ]
zoólogo (m)	zoolog (f)	[soo'loˀ]
cowboy (m)	cowboy (f)	['kɒwˌbʌj]

91. Profissões artísticas

| ator (m) | skuespiller (f) | ['skuːəˌspelʌ] |
| atriz (f) | skuespillerinde (f) | ['skuːəˌspelʌ'enə] |

| cantor (m) | sanger (f) | ['sɑŋʌ] |
| cantora (f) | sangerinde (f) | [sɑŋʌ'enə] |

| bailarino (m) | danser (f) | ['dansʌ] |
| bailarina (f) | danserinde (f) | [dansʌ'enə] |

| artista (m) | skuespiller (f) | ['skuːəˌspelʌ] |
| artista (f) | skuespillerinde (f) | ['skuːəˌspelʌ'enə] |

músico (m)	musiker (f)	['muˀsikʌ]
pianista (m)	pianist (f)	[pia'nist]
guitarrista (m)	guitarist (f)	[gita'ʁist]

maestro (m)	dirigent (f)	[diɡi'gɛnˀt]
compositor (m)	komponist (f)	[kɔmpo'nist]
empresário (m)	impresario (f)	[empʁɐ'sɑˀio]

realizador (m)	filminstruktør (f)	['film enstʁuk'tøˀɐ̯]
produtor (m)	producer (f)	[pʁo'djuːsʌ]
argumentista (m)	manuskriptforfatter (f)	[manu'skʁɛpt fʌ'fatʌ]
crítico (m)	kritiker (f)	['kʁitikʌ]

escritor (m)	forfatter (f)	[fʌ'fatʌ]
poeta (m)	poet (f), digter (f)	[po'eˀt], ['degtʌ]
escultor (m)	skulptør (f)	[skulp'tøˀɐ̯]
pintor (m)	kunstner (f)	['kɔnstnʌ]

malabarista (m)	jonglør (f)	[ɕʌŋ'løˀɐ̯]
palhaço (m)	klovn (f)	['klɒwˀn]
acrobata (m)	akrobat (f)	[akʁo'bæˀt]
mágico (m)	tryllekunstner (f)	['tʁyləˌkɔnˀstnʌ]

92. Várias profissões

médico (m)	læge (f)	['lɛːjə]
enfermeira (f)	sygeplejerske (f)	['syːəˌplɑjˀʌskə]
psiquiatra (m)	psykiater (f)	[syki'æˀtʌ]
estomatologista (m)	tandlæge (f)	['tanˌlɛːjə]
cirurgião (m)	kirurg (f)	[ki'ʁuɐ̯ˀw]

Portuguese	Danish	Pronunciation
astronauta (m)	astronaut (f)	[astʁoˈnɑwˀt]
astrónomo (m)	astronom (f)	[astʁoˈnoˀm]
piloto (m)	pilot (f)	[piˈloˀt]
motorista (m)	fører (f)	[ˈføːʌ]
maquinista (m)	togfører (f)	[ˈtɔwˌføːʌ]
mecânico (m)	mekaniker (f)	[meˈkæˀnikʌ]
mineiro (m)	minearbejder (f)	[ˈmiːnəˈɑːˌbɑjˀdʌ]
operário (m)	arbejder (f)	[ˈɑːˌbɑjˀdʌ]
serralheiro (m)	låsesmed (f)	[ˈlɔːsəˌsmeð]
marceneiro (m)	snedker (f)	[ˈsneˀkʌ]
torneiro (m)	drejer (f)	[ˈdʁɑjʌ]
construtor (m)	bygningsarbejder (f)	[ˈbygneŋs ˈɑːˌbɑjˀdʌ]
soldador (m)	svejser (f)	[ˈsvɑjsʌ]
professor (m) catedrático	professor (f)	[pʁoˈfɛsʌ]
arquiteto (m)	arkitekt (f)	[ɑkiˈtɛkt]
historiador (m)	historiker (f)	[hiˈstoˀʁikʌ]
cientista (m)	videnskabsmand (f)	[ˈviðənˌskæˀbs manˀ]
físico (m)	fysiker (f)	[ˈfyˀsikʌ]
químico (m)	kemiker (f)	[ˈkeˀmikʌ]
arqueólogo (m)	arkæolog (f)	[ˌɑːkɛoˈloˀ]
geólogo (m)	geolog (f)	[geoˈloˀ]
pesquisador (cientista)	forsker (f)	[ˈfɒːskʌ]
babysitter (f)	barnepige (f)	[ˈbɑːnəˌpiːə]
professor (m)	pædagog (f)	[pɛdaˈgoˀ]
redator (m)	redaktør (f)	[ʁɛdakˈtøˀɐ̯]
redator-chefe (m)	chefredaktør (f)	[ˈɕɛf ʁɛdakˈtøˀɐ̯]
correspondente (m)	korrespondent (f)	[kɔɒspʌnˈdɛnˀt]
datilógrafa (f)	maskinskriverske (f)	[maˈskiːn ˈskʁiˀvʌskə]
designer (m)	designer (f)	[deˈsɑjnʌ]
especialista (m) em informática	computer-ekspert (f)	[kʌmˈpjuːtʌ ɛksˈpæɐ̯t]
programador (m)	programmør (f)	[pʁogʁaˈmøˀɐ̯]
engenheiro (m)	ingeniør (f)	[enɕənˈjøˀɐ̯]
marujo (m)	sømand (f)	[ˈsøˌmanˀ]
marinheiro (m)	matros (f)	[maˈtʁoˀs]
salvador (m)	redder (f)	[ˈʁɛðʌ]
bombeiro (m)	brandmand (f)	[ˈbʁɑnˌman]
polícia (m)	politibetjent (f)	[poliˈti beˈtjɛnˀt]
guarda-noturno (m)	nattevagt, vægter (f)	[ˈnatəˌvɑgt], [ˈvɛgtʌ]
detetive (m)	detektiv, opdager (f)	[detekˈtiwˀ], [ˈʌpˌdæˀjʌ]
funcionário (m) da alfândega	toldbetjent (f)	[ˈtʌl beˈtjɛnˀt]
guarda-costas (m)	livvagt (f)	[ˈliwˌvɑgt]
guarda (m) prisional	fangevogter (f)	[ˈfɑŋəˌvʌgtʌ]
inspetor (m)	inspektør (f)	[enspəkˈtøˀɐ̯]
desportista (m)	idrætsmand (f)	[ˈidʁatsˌmanˀ]
treinador (m)	træner (f)	[ˈtʁɛːnʌ]

talhante (m)	slagter (f)	['slɑgtʌ]
sapateiro (m)	skomager (f)	['skoˌmæˀjʌ]
comerciante (m)	handelsmand (f)	['hanəlsˌmanˀ]
carregador (m)	lastearbejder (f)	['lastə'ɑːˌbɑjˀdʌ]
estilista (m)	modedesigner (f)	['moːðə de'sɑjnʌ]
modelo (f)	model (f)	[mo'dɛlˀ]

93. Ocupações. Estatuto social

aluno, escolar (m)	skoleelev (f)	['skoːlə e'leˀw]
estudante (~ universitária)	studerende (f)	[stu'deˀʌnə]
filósofo (m)	filosof (f)	[filo'sʌf]
economista (m)	økonom (f)	[øko'noˀm]
inventor (m)	opfinder (f)	['ʌpˌfenˀʌ]
desempregado (m)	arbejdsløs (f)	['ɑːbɑjdsˌløˀs]
reformado (m)	pensionist (f)	[pɑŋɕo'nist]
espião (m)	spion (f)	[spi'oˀn]
preso (m)	fange (f)	['fɑŋə]
grevista (m)	strejkende (f)	['stʁɑjkɛnə]
burocrata (m)	bureaukrat (f)	[byo'kʁɑˀt]
viajante (m)	rejsende (f)	['ʁɑjsənə]
homossexual (m)	homoseksuel (f)	['hoːmosɛksu'ɛlˀ]
hacker (m)	hacker (f)	['hakʌ]
hippie	hippie (f)	['hipi]
bandido (m)	bandit (f)	[ban'dit]
assassino (m) a soldo	lejemorder (f)	['lɑjəˌmoɐ̯dʌ]
toxicodependente (m)	narkoman (f)	[nako'mæˀn]
traficante (m)	narkohandler (f)	['naːkoˌhanlʌ]
prostituta (f)	prostitueret (f)	[pʁostitu'eˀʌð]
chulo (m)	alfons (f)	[al'fʌŋs]
bruxo (m)	troldmand (f)	['tʁʌlˌmanˀ]
bruxa (f)	troldkvinde (f)	['tʁʌlˌkvenə]
pirata (m)	pirat, sørøver (f)	[pi'ʁɑˀt], ['søˌʁœːvʌ]
escravo (m)	slave (f)	['slæːvə]
samurai (m)	samurai (f)	[samu'ʁɑjˀ]
selvagem (m)	vildmand (f)	['vilˌmanˀ]

Educação

94. Escola

escola (f)	skole (f)	['sko:lə]
diretor (m) de escola	skoleinspektør (f)	['sko:lə enspək'tø'ɐ̯]
aluno (m)	elev (f)	[e'le'w]
aluna (f)	elev (f)	[e'le'w]
escolar (m)	skoleelev (f)	['sko:lə e'le'w]
escolar (f)	skoleelev (f)	['sko:lə e'le'w]
ensinar (vt)	at undervise	[ʌ 'ɔnʌˌvi'sə]
aprender (vt)	at lære	[ʌ 'lɛ:ʌ]
aprender de cor	at lære udenad	[ʌ 'lɛ:ʌ 'uðən'að]
estudar (vi)	at lære	[ʌ 'lɛ:ʌ]
andar na escola	at gå i skole	[ʌ gɔ' i 'sko:lə]
ir à escola	at gå i skole	[ʌ gɔ' i 'sko:lə]
alfabeto (m)	alfabet (i)	[alfa'be't]
disciplina (f)	fag (i)	['fæ'j]
sala (f) de aula	klasseværelse (i)	['klasəˌvæɐ̯ʌlsə]
lição (f)	time (f)	['ti:mə]
recreio (m)	frikvarter (i)	['fʁikvaˌte'ɐ̯]
toque (m)	skoleklokke (f)	['sko:ləˌklʌkə]
carteira (f)	skolebord (i)	['sko:ləˌbo'ɐ̯]
quadro (m) negro	tavle (f)	['tɑwlə]
nota (f)	karakter (f)	[kɑɑk'te'ɐ̯]
boa nota (f)	høj karakter (f)	['hʌj kɑɑk'te'ɐ̯]
nota (f) baixa	dårlig karakter (f)	['dɒ:li kɑɑk'te'ɐ̯]
dar uma nota	at give karakter	[ʌ 'gi' kɑɑk'te'ɐ̯]
erro (m)	fejl (f)	['fɑj'l]
fazer erros	at lave fejl	[ʌ 'læ:və 'fɑj'l]
corrigir (vt)	at rette	[ʌ 'ʁatə]
cábula (f)	snydeseddel (f)	['snyːðəˌsɛð'əl]
dever (m) de casa	hjemmeopgave (f)	['jɛmə 'ʌpˌgæː'və]
exercício (m)	øvelse (f)	['øːvəlsə]
estar presente	at være til stede	[ʌ 'vɛ:ʌ tel 'stɛ:ðə]
estar ausente	at være fraværende	[ʌ 'vɛ:ʌ 'fʁɑˌvɛ'ʌnə]
faltar às aulas	at forsømme skolen	[ʌ fʌ'sœm'ə 'sko:lən]
punir (vt)	at straffe	[ʌ 'stʁɑfə]
punição (f)	straf (f), afstraffelse (f)	['stʁɑf], ['awˌstʁɑfəlsə]
comportamento (m)	opførsel (f)	['ʌpˌføɐ̯'səl]

boletim (m) escolar	karakterbog (f)	[kaak'teɡˌbɔˀw]
lápis (m)	blyant (f)	['blyːˌanˀt]
borracha (f)	viskelæder (i)	['veskəˌlɛðˀʌ]
giz (m)	kridt (i)	['kʁit]
estojo (m)	penalhus (i)	[pe'næˀlˌhuˀs]
pasta (f) escolar	skoletaske (f)	['skoːləˌtaskə]
caneta (f)	pen (f)	['pɛnˀ]
caderno (m)	hæfte (i)	['hɛftə]
manual (m) escolar	lærebog (f)	['lɛːʌˌbɔˀw]
compasso (m)	passer (f)	['pasʌ]
traçar (vt)	at tegne	[ʌ 'tajnə]
desenho (m) técnico	teknisk tegning (f)	['tɛknisk 'tajneŋ]
poesia (f)	digt (i)	['degt]
de cor	udenad	['uðən'að]
aprender de cor	at lære udenad	[ʌ 'lɛːʌ 'uðən'að]
férias (f pl)	skoleferie (f)	['skoːləˌfeɡˀiə]
estar de férias	at holde ferie	[ʌ 'hʌlə 'feɡˀiə]
passar as férias	at tilbringe ferien	[ʌ 'telˌbʁɛŋˀə 'feɡˀiən]
teste (m)	prøve (f)	['pʁœːwə]
composição, redação (f)	skolestil (f)	['skoːlə ˌstiˀl]
ditado (m)	diktat (i, f)	[dik'tæˀt]
exame (m)	eksamen (f)	[ɛk'sæˀmən]
fazer exame	at tage en eksamen	[ʌ 'awˈlɛɡə en ɛk'sæˀmən]
experiência (~ química)	forsøg (i)	[fʌ'søˀj]

95. Colégio. Universidade

academia (f)	akademi (i)	[akadə'miˀ]
universidade (f)	universitet (i)	[univæɡsi'teˀt]
faculdade (f)	fakultet (i)	[fakul'teˀt]
estudante (m)	studerende (f)	[stu'deˀʌnə]
estudante (f)	kvindelig studerende (f)	['kvenəli stu'deˀʌnə]
professor (m)	lærer, forelæser (f)	['lɛːʌ], ['fɔːɒˌlɛˀsʌ]
sala (f) de palestras	forelæsningssal (f)	['fɔːɒˌlɛˀsneŋˌsæˀl]
graduado (m)	alumne (f)	[a'lɔmnə]
diploma (m)	diplom (i)	[di'ploˀm]
tese (f)	afhandling (f)	['awˌhanˀleŋ]
estudo (obra)	studie (i, f)	['stuˀdjə]
laboratório (m)	laboratorium (i)	[laboʁa'toɡˀjɔm]
palestra (f)	forelæsning (f)	['fɔːɒˌlɛˀsneŋ]
colega (m) de curso	studiekammerat (f)	['stuˀdjə kamə'ʁaˀt]
bolsa (f) de estudos	stipendium (i)	[sti'pɛnˀdjɔm]
grau (m) académico	akademisk grad (f)	[aka'deˀmisk 'gʁaˀð]

96. Ciências. Disciplinas

matemática (f)	matematik (f)	[matəma'tik]
álgebra (f)	algebra (f)	['algəˌbʁɑˀ]
geometria (f)	geometri (f)	[geomə'tʁiˀ]
astronomia (f)	astronomi (f)	[astʁo'noˀm]
biologia (f)	biologi (f)	[biolo'giˀ]
geografia (f)	geografi (f)	[geogʁɑ'fiˀ]
geologia (f)	geologi (f)	[geolo'giˀ]
história (f)	historie (f)	[hi'stoʁˀiə]
medicina (f)	medicin (f)	[medi'siˀn]
pedagogia (f)	pædagogik (f)	[pɛdago'gik]
direito (m)	ret (f)	['ʁat]
física (f)	fysik (f)	[fy'sik]
química (f)	kemi (f)	[ke'miˀ]
filosofia (f)	filosofi (f)	[filoso'fiˀ]
psicologia (f)	psykologi (f)	[sykolo'giˀ]

97. Sistema de escrita. Ortografia

gramática (f)	grammatik (f)	[gʁama'tik]
vocabulário (m)	ordforråd (i)	['oɐ̯foˌʁɔˀð]
fonética (f)	fonetik (f)	[fonə'tik]
substantivo (m)	substantiv (i)	['substanˌtiwˀ]
adjetivo (m)	adjektiv (i)	['aðjɛkˌtiwˀ]
verbo (m)	verbum (i)	['væɡbɔm]
advérbio (m)	adverbium (i)	[að'væɡˀbjɔm]
pronome (m)	pronomen (i)	[pʁo'noːmən]
interjeição (f)	interjektion (f)	[entʌjɛk'ɕoˀn]
preposição (f)	præposition (f)	[pʁɛposi'ɕoˀn]
raiz (f) da palavra	rod (f)	['ʁoˀð]
terminação (f)	endelse (f)	['ɛnəlsə]
prefixo (m)	præfiks (i)	[pʁɛ'fiks]
sílaba (f)	stavelse (f)	['stæːvəlsə]
sufixo (m)	suffiks (i)	[su'fiks]
acento (m)	betoning (f), tryk (i)	[be'toˀnen], ['tʁœk]
apóstrofo (m)	apostrof (f)	[apo'stʁʌf]
ponto (m)	punktum (i)	['pɔŋtɔm]
vírgula (f)	komma (i)	['kʌma]
ponto e vírgula (m)	semikolon (i)	[semi'koːlʌn]
dois pontos (m pl)	kolon (i)	['koːlʌn]
reticências (f pl)	tre prikker (f pl)	['tʁɛː 'pʁɛkʌ]
ponto (m) de interrogação	spørgsmålstegn (i)	['spœɐ̯sˌmɔls tajˀn]
ponto (m) de exclamação	udråbstegn (i)	['uðʁɔbsˌtajˀn]

aspas (f pl)	anførselstegn (i pl)	['anˌføɡsəlsˌtajˀn]
entre aspas	i anførselstegn	[i 'anˌføɡsəlsˌtajˀn]
parênteses (m pl)	parentes (f)	[pɑɑn'teˀs]
entre parênteses	i parentes	[i pɑɑn'teˀs]
hífen (m)	bindestreg (f)	['benəstʁɑj]
travessão (m)	tankestreg (f)	['taŋkəˌstʁɑjˀ]
espaço (m)	mellemrum (i)	['mɛləmˌʁɔmˀ]
letra (f)	bogstav (i)	['bɔwˌstæw]
letra (f) maiúscula	stort bogstav (i)	['stoˀɐ̯t 'bɔgstæw]
vogal (f)	vokal (f)	[vo'kæˀl]
consoante (f)	konsonant (f)	[kʌnso'nanˀt]
frase (f)	sætning (f)	['sɛtneŋ]
sujeito (m)	subjekt (i)	[sub'jɛkt]
predicado (m)	prædikat (i)	[pʁɛdi'kæˀt]
linha (f)	linje (f)	['linjə]
em uma nova linha	på ny linje	[pɔ ny 'linjə]
parágrafo (m)	afsnit (i)	['awˌsnit]
palavra (f)	ord (i)	['oˀɐ̯]
grupo (m) de palavras	ordgruppe (f)	['oɐ̯ˌgʁupə]
expressão (f)	udtryk (i)	['uðˌtʁœk]
sinónimo (m)	synonym (i)	[syno'nyˀm]
antónimo (m)	antonym (i)	[anto'nyˀm]
regra (f)	regel (f)	['ʁɛjˀəl]
exceção (f)	undtagelse (f)	['ɔnˌtæˀjəlsə]
correto	rigtig	['ʁɛgti]
conjugação (f)	bøjning (f)	['bʌjneŋ]
declinação (f)	bøjning (f)	['bʌjneŋ]
caso (m)	kasus (f)	['kæːsus]
pergunta (f)	spørgsmål (i)	['spœɐ̯sˌmɔˀl]
sublinhar (vt)	at understrege	[ʌ 'ɔnʌˌsdʁɑjə]
linha (f) pontilhada	punkteret linje (f)	[pɔŋ'teˀʌð 'linjə]

98. Línguas estrangeiras

língua (f)	sprog (i)	['spʁɔˀw]
estrangeiro	fremmed-	['fʁaməð-]
língua (f) estrangeira	fremmedsprog (i)	['fʁaməð'spʁɔˀw]
estudar (vt)	at studere	[ʌ stu'deˀʌ]
aprender (vt)	at lære	[ʌ 'lɛːʌ]
ler (vt)	at læse	[ʌ 'lɛːsə]
falar (vi)	at tale	[ʌ 'tæːlə]
compreender (vt)	at forstå	[ʌ fʌ'stoˀ]
escrever (vt)	at skrive	[ʌ 'skʁiːvə]
rapidamente	hurtigt	['hoɐ̯tit]
devagar	langsomt	['laŋˌsʌmt]

Portuguese	Danish	Pronunciation
fluentemente	flydende	['fly:ðənə]
regras (f pl)	regler (f pl)	['ʁɛjlʌ]
gramática (f)	grammatik (f)	[gʁama'tik]
vocabulário (m)	ordforråd (i)	['oɐfɒˌʁɔˀð]
fonética (f)	fonetik (f)	[fonə'tik]
manual (m) escolar	lærebog (f)	['lɛːʌˌbɔˀw]
dicionário (m)	ordbog (f)	['oɐˌbɔˀw]
manual (m) de autoaprendizagem	lærebog (f) til selvstudium	['lɛːʌˌbɔˀw tel 'sɛlˌstuˀdjɔm]
guia (m) de conversação	parlør (f)	[pɑ'lœːɐ̯]
cassete (f)	kassette (f)	[ka'sɛtə]
vídeo cassete (m)	videokassette (f)	['viˀdjo ka'sɛtə]
CD (m)	cd (f)	[se'deˀ]
DVD (m)	dvd (f)	[deve'deˀ]
alfabeto (m)	alfabet (i)	[alfa'beˀt]
soletrar (vt)	at stave	[ʌ 'stæːvə]
pronúncia (f)	udtale (f)	['uðˌtæːlə]
sotaque (m)	accent (f)	[ɑk'sɑŋ]
com sotaque	med accent	[mɛ ɑk'sɑŋ]
sem sotaque	uden accent	['uðən ɑk'sɑŋ]
palavra (f)	ord (i)	['oˀɐ̯]
sentido (m)	betydning (f)	[be'tyðˀnen]
cursos (m pl)	kursus (i)	['kuɐ̯sʌ]
inscrever-se (vr)	at indmelde sig	[ʌ 'enlˌmɛlˀə saj]
professor (m)	lærer (f)	['lɛːʌ]
tradução (processo)	oversættelse (f)	['ɒwʌˌsɛtəlsə]
tradução (texto)	oversættelse (f)	['ɒwʌˌsɛtəlsə]
tradutor (m)	oversætter (f)	['ɒwʌˌsɛtʌ]
intérprete (m)	tolk (f)	['tʌlˀk]
poliglota (m)	polyglot (f)	[poly'glʌt]
memória (f)	hukommelse (f)	[hu'kʌmˀəlsə]

Descanso. Entretenimento. Viagens

99. Viagens

turismo (m)	turisme (f)	[tu'ʁismə]
turista (m)	turist (f)	[tu'ʁist]
viagem (f)	rejse (f)	['ʁajsə]
aventura (f)	eventyr (i)	['ɛːvənˌtyʁˀ]
viagem (f)	rejse (f)	['ʁajsə]
férias (f pl)	ferie (f)	['feʁˀiə]
estar de férias	at holde ferie	[ʌ 'hʌlə 'feʁˀiə]
descanso (m)	ophold (i), hvile (f)	['ʌpˌhʌlˀ], ['viːlə]
comboio (m)	tog (i)	['tɔˀw]
de comboio (chegar ~)	med tog	[mɛ 'tɔˀw]
avião (m)	fly (i)	['flyˀ]
de avião	med fly	[mɛ 'flyˀ]
de carro	med bil	[mɛ 'biˀl]
de navio	med skib	[mɛ 'skiˀb]
bagagem (f)	bagage (f)	[ba'gæːɕə]
mala (f)	kuffert (f)	['kɔfʌt]
carrinho (m)	bagagevogn (f)	[ba'gæːɕəˌvɒwˀn]
passaporte (m)	pas (i)	['pas]
visto (m)	visum (i)	['viːsɔm]
bilhete (m)	billet (f)	[bi'lɛt]
bilhete (m) de avião	flybillet (f)	['fly bi'lɛt]
guia (m) de viagem	rejsehåndbog (f)	['ʁajsəˌhʌnbɔˀw]
mapa (m)	kort (i)	['kɒːt]
local (m), area (f)	område (i)	['ʌmˌʁɔːðə]
lugar, sítio (m)	sted (i)	['stɛð]
exótico	eksotisk	[ɛk'soˀtisk]
surpreendente	forunderlig	[fʌ'ɔnˀʌli]
grupo (m)	gruppe (f)	['gʁupə]
excursão (f)	udflugt (f)	['uðˌflɔgt]
guia (m)	guide (f)	['gajd]

100. Hotel

hotel (m)	hotel (i)	[ho'tɛlˀ]
motel (m)	motel (i)	[mo'tɛlˀ]
três estrelas	trestjernet	['tʁɛˌstjæʁˀnəð]
cinco estrelas	femstjernet	['fɛmˌstjæʁˀnəð]

ficar (~ num hotel)	at bo	[ʌ 'boˀ]
quarto (m)	værelse (i)	['væɐ̯ʌlsə]
quarto (m) individual	enkeltværelse (i)	['ɛŋˀkəlt̩væɐ̯ʌlsə]
quarto (m) duplo	dobbeltværelse (i)	['dʌbəlt̩væɐ̯ʌlsə]
reservar um quarto	at booke et værelse	[ʌ 'bukə et 'væɐ̯ʌlsə]
meia pensão (f)	halvpension (f)	['halˀ paŋ'ɕoˀn]
pensão (f) completa	helpension (f)	['heˀl paŋ'ɕoˀn]
com banheira	med badekar	[mɛ 'bæːðə̩ka]
com duche	med brusebad	[mɛ 'bʁuːsə̩bað]
televisão (m) satélite	satellit-tv (i)	[satə'lit 'teˀ̩veˀ]
ar (m) condicionado	klimaanlæg (i)	['kliːma'an̩lɛˀg]
toalha (f)	håndklæde (i)	['hʌn̩klɛːðə]
chave (f)	nøgle (f)	['nʌjlə]
administrador (m)	administrator (f)	[aðmini'stʁaːtʌ]
camareira (f)	stuepige (f)	['stuə̩piːə]
bagageiro (m)	drager (f)	['dʁaːwʌ]
porteiro (m)	portier (f)	[pɒ'tje]
restaurante (m)	restaurant (f)	[ʁɛsto'ʁɑŋ]
bar (m)	bar (f)	['bɑˀ]
pequeno-almoço (m)	morgenmad (f)	['mɒːɒn̩mað]
jantar (m)	aftensmad (f)	['aftəns̩mað]
buffet (m)	buffet (f)	[by'fe]
hall (m) de entrada	hall, lobby (f)	['hɒːl], ['lʌbi]
elevador (m)	elevator (f)	[elə'væːtʌ]
NÃO PERTURBE	VIL IKKE FORSTYRRES	['vel 'ekə fʌ'styɐ̯ˀʌs]
PROIBIDO FUMAR!	RYGNING FORBUDT	['ʁyːnen fʌ'byˀð]

EQUIPAMENTO TÉCNICO. TRANSPORTES

Equipamento técnico. Transportes

101. Computador

computador (m)	computer (f)	[kʌm'pju:tʌ]
portátil (m)	bærbar, laptop (f)	['bɛɠˌbɑˀ], ['lapˌtʌp]
ligar (vt)	at tænde	[ʌ 'tɛnə]
desligar (vt)	at slukke	[ʌ 'slɔkə]
teclado (m)	tastatur (i)	[tasta'tuɠˀ]
tecla (f)	tast (f)	['tast]
rato (m)	mus (f)	['muˀs]
tapete (m) de rato	musemåtte (f)	['muːsəˌmʌtə]
botão (m)	knap (f)	['knɑp]
cursor (m)	markør (f)	[mɑ'køˀɠ]
monitor (m)	monitor, skærm (f)	['mʌnitʌ], ['skæɠˀm]
ecrã (m)	skærm (f)	['skæɠˀm]
disco (m) rígido	harddisk (f)	['hɑːdˌdesk]
capacidade (f) do disco rígido	harddisk kapacitet (f)	['hɑːdˌdesk kapasi'teˀt]
memória (f)	hukommelse (f)	[hu'kʌmˀəlsə]
memória RAM (f)	RAM, arbejdslager (i)	['ʁɑmˀ], ['ɑːbajdsˌlæˀjʌ]
ficheiro (m)	fil (f)	['fiˀl]
pasta (f)	mappe (f)	['mɑpə]
abrir (vt)	at åbne	[ʌ 'ɔːbnə]
fechar (vt)	at lukke	[ʌ 'lɔkə]
guardar (vt)	at bevare	[ʌ be'vɑˀɑ]
apagar, eliminar (vt)	at slette, at fjerne	[ʌ 'slɛtə], [ʌ 'fjæɠnə]
copiar (vt)	at kopiere	[ʌ ko'pjeˀʌ]
ordenar (vt)	at sortere	[ʌ sɒ'teˀʌ]
copiar (vt)	at overføre	[ʌ 'ɒwʌˌføˀʌ]
programa (m)	program (i)	[pʁo'gʁɑmˀ]
software (m)	programmel (i)	[pʁogʁɑ'mɛlˀ]
programador (m)	programmør (f)	[pʁogʁɑ'møˀɠ]
programar (vt)	at programmere	[ʌ pʁogʁɑ'meˀʌ]
hacker (m)	hacker (f)	['hakʌ]
senha (f)	adgangskode (f)	['aðgɑŋsˌkoːðə]
vírus (m)	virus (i, f)	['viːʁus]
detetar (vt)	at opdage	[ʌ 'ʌpˌdæˀjə]
byte (m)	byte (f)	['bajt]

megabyte (m)	megabyte (f)	['me:ga͵bɑjt]
dados (m pl)	data (i pl)	['dæ:ta]
base (f) de dados	database (f)	['dæ:ta͵bæ:sə]
cabo (m)	kabel (i)	['kæˀbəl]
desconectar (vt)	at koble fra	[ʌ 'kʌblə fʁɑˀ]
conetar (vt)	at koble	[ʌ 'kʌblə 'te]

102. Internet. E-mail

internet (f)	internet (i)	['entʌ͵nɛt]
browser (m)	browser (f)	['bʁɑwsʌ]
motor (m) de busca	søgemaskine (f)	['sø:ma͵ski:nə]
provedor (m)	leverandør (f)	[levəʁan'døˀɐ̯]
webmaster (m)	webmaster (f)	['wɛb͵mɑ:stʌ]
website, sítio web (m)	website (i, f)	['wɛb͵sɑjt]
página (f) web	webside (f)	['wɛb͵si:ðə]
endereço (m)	adresse (f)	[a'dʁasə]
livro (m) de endereços	adressebog (f)	[a'dʁasə͵bɔˀw]
caixa (f) de correio	postkasse (f)	['pʌst͵kasə]
correio (m)	post (f)	['pʌst]
cheia (caixa de correio)	fuld	['fulˀ]
mensagem (f)	meddelelse (f)	['mɛð͵deˀləlsə]
mensagens (f pl) recebidas	indgående meddelelser (f pl)	['en͵gɔˀənə 'mɛð͵deˀləlsʌ]
mensagens (f pl) enviadas	udgående meddelelser (f pl)	['uð͵gɔ:ənə 'mɛð͵deˀləlsʌ]
remetente (m)	afsender (f)	['ɑw͵sɛnˀʌ]
enviar (vt)	at sende	[ʌ 'sɛnə]
envio (m)	afsendelse (f)	['ɑw͵sɛnˀəlsə]
destinatário (m)	modtager (f)	['moð͵tæˀjʌ]
receber (vt)	at modtage	[ʌ 'moð͵tæˀ]
correspondência (f)	korrespondance (f)	[kɒspʌn'dɑŋsə]
corresponder-se (vr)	at brevveksle	[ʌ 'bʁɛw͵vɛkslə]
ficheiro (m)	fil (f)	['fiˀl]
fazer download, baixar	at downloade	[ʌ 'dɑwn͵lɔwdə]
criar (vt)	at oprette, at skabe	[ʌ 'ʌb͵ʁatə], [ʌ 'skæ:bə]
apagar, eliminar (vt)	at slette, at fjerne	[ʌ 'slɛtə], [ʌ 'fjæɐ̯nə]
eliminado	slettet	['slɛtəð]
conexão (f)	forbindelse (f)	[fʌ'benˀəlsə]
velocidade (f)	hastighed (f)	['hasti͵heðˀ]
modem (m)	modem (i)	['mo:dɛm]
acesso (m)	adgang (f)	['að͵gɑŋˀ]
porta (f)	port (f)	['poɐ̯ˀt]
conexão (f)	tilkobling (f)	['tel͵kʌbleŋ]
conetar (vi)	at koblet op til ...	[ʌ 'kʌblə 'ʌp tel ...]

escolher (vt)	at vælge	[ʌ 'vɛljə]
buscar (vt)	at søge efter …	[ʌ 'søːə 'ɛftʌ …]

103. Eletricidade

eletricidade (f)	elektricitet (f)	[elɛktʁisi'teʔt]
elétrico	elektrisk	[e'lɛktʁisk]
central (f) elétrica	elværk (i)	['ɛl‚væɐ̯k]
energia (f)	energi (f)	[enæɐ̯'giʔ]
energia (f) elétrica	elkraft (f)	['ɛl‚kʁɑft]
lâmpada (f)	elpære (f)	['ɛl‚pɛʔʌ]
lanterna (f)	lommelygte (f)	['lʌmə‚løgtə]
poste (m) de iluminação	gadelygte (f)	['gæːðə‚løgtə]
luz (f)	lys (i)	['lyʔs]
ligar (vt)	at tænde	[ʌ 'tɛnə]
desligar (vt)	at slukke	[ʌ 'slɔkə]
apagar a luz	at slukke lyset	[ʌ 'slɔkə 'lyʔsəð]
fundir (vi)	at brænde ud	[ʌ 'bʁanə uðʔ]
curto-circuito (m)	kortslutning (f)	['kɔːt‚slutneŋ]
rutura (f)	kabelbrud (i)	['kæʔbəl‚bʁuð]
contacto (m)	kontakt (f)	[kɔn'takt]
interruptor (m)	afbryder (f)	['aw‚bʁyðʔʌ]
tomada (f)	stikkontakt (f)	['stek kɔn'takt]
ficha (f)	stik (i)	['stek]
extensão (f)	stikdåse (f)	['stek‚dɔːsə]
fusível (m)	sikring (f)	['sekʁɛŋ]
fio, cabo (m)	ledning (f)	['leðneŋ]
instalação (f) elétrica	ledningsnet (i)	['leðneŋs‚nɛt]
ampere (m)	ampere (f)	[am'pɛːɐ̯]
amperagem (f)	strømstyrke (f)	['stʁœm‚styɐ̯kə]
volt (m)	volt (f)	['vʌlʔt]
voltagem (f)	spænding (f)	['spɛneŋ]
aparelho (m) elétrico	elektrisk apparat (i)	[e'lɛktʁisk apa'ʁaʔt]
indicador (m)	indikator (f)	[endi'kæːtʌ]
eletricista (m)	elektriker (f)	[e'lɛktʁikʌ]
soldar (vt)	at lodde	[ʌ 'lʌðə]
ferro (m) de soldar	loddekolbe (f)	['lʌðə‚kʌlbə]
corrente (f) elétrica	strøm (f)	['stʁœmʔ]

104. Ferramentas

ferramenta (f)	værktøj (i)	['væɐ̯k‚tʌj]
ferramentas (f pl)	værktøjer (i pl)	['væɐ̯k‚tʌjʌ]
equipamento (m)	udstyr (i)	['uð‚styɐ̯ʔ]

martelo (m)	hammer (f)	['hamʌ]
chave (f) de fendas	skruetrækker (f)	['skʁuːəˌtʁakʌ]
machado (m)	økse (f)	['øksə]

serra (f)	sav (f)	['sæˀv]
serrar (vt)	at save	[ʌ 'sæːvə]
plaina (f)	høvl (f)	['hœwˀl]
aplainar (vt)	at høvle	[ʌ 'hœwlə]
ferro (m) de soldar	loddekolbe (f)	['lʌðəˌkʌlbə]
soldar (vt)	at lodde	[ʌ 'lʌðə]

lima (f)	fil (f)	['fiˀl]
tenaz (f)	knibtang (f)	['kniwˌtaŋˀ]
alicate (m)	fladtang (f)	['flaðˌtaŋˀ]
formão (m)	stemmejern (i)	['stɛməˌjæɐ̯ˀn]

broca (f)	bor (i)	['boˀɐ̯]
berbequim (f)	boremaskine (f)	['boːʌ ma'skiːnə]
furar (vt)	at bore	[ʌ 'boːʌ]

| faca (f) | kniv (f) | ['kniwˀ] |
| lâmina (f) | blad (i) | ['blað] |

afiado	skarp	['skɑːp]
cego	sløv	['sløwˀ]
embotar-se (vr)	at blive sløv	[ʌ 'bliːə 'sløwˀ]
afiar, amolar (vt)	at skærpe, at hvæsse	[ʌ 'skæɐ̯pə], [ʌ 'vɛsə]

parafuso (m)	bolt (f)	['bʌlˀt]
porca (f)	møtrik (f)	['møtʁɛk]
rosca (f)	gevind (i)	[ge'venˀ]
parafuso (m) para madeira	skrue (f)	['skʁuːə]

| prego (m) | søm (i) | ['sœmˀ] |
| cabeça (f) do prego | sømhoved (i) | ['sœmˌhoːəð] |

régua (f)	lineal (f)	[line'æˀl]
fita (f) métrica	målebånd (i)	['mɔːləˌbʌnˀ]
nível (m)	vaterpas (i)	['vatʌˌpas]
lupa (f)	lup (f)	['lup]

medidor (m)	måleinstrument (i)	['mɔːlə enstʁu'mɛnˀt]
medir (vt)	at måle	[ʌ 'mɔːlə]
escala (f)	skala (f)	['skæːla]
indicação (f), registo (m)	aflæsninger (f pl)	['awˌlɛˀsneŋʌ]

| compressor (m) | kompressor (f) | [kʌm'pʁasʌ] |
| microscópio (m) | mikroskop (i) | [mikʁo'skoˀp] |

bomba (f)	pumpe (f)	['pɔmpə]
robô (m)	robot (f)	[ʁo'bʌt]
laser (m)	laser (f)	['lɛjsʌ], ['læːsʌ]

chave (f) de boca	skruenøgle (f)	['skʁuːəˌnʌjlə]
fita (f) adesiva	klisterbånd (i), tape (f)	['klistʌˌbʌnˀ], ['tɛjp]
cola (f)	lim (f)	['liˀm]

lixa (f)	sandpapir (i)	['sanpa‚piɐ̯ˀ]
mola (f)	fjeder (f)	['fjeðˀʌ]
íman (m)	magnet (f)	[mɑw'neˀt]
luvas (f pl)	handsker (f pl)	['hanskʌ]
corda (f)	reb (i)	['ʁɛˀb]
cordel (m)	snor (f)	['snoˀɐ̯]
fio (m)	ledning (f)	['leðneŋ]
cabo (m)	kabel (i)	['kæˀbəl]
marreta (f)	mukkert (f)	['mɔkʌt]
pé de cabra (m)	brækstang (f)	['bʁak‚jæɐ̯ˀn]
escada (f) de mão	stige (f)	['sti:ə]
escadote (m)	trappestige (f)	['tʁapə‚sti:ə]
enroscar (vt)	at skrue fast	[ʌ 'skʁu:ə 'fast]
desenroscar (vt)	at skrue af	[ʌ 'skʁu:ə 'æˀ]
apertar (vt)	at klemme	[ʌ 'klɛmə]
colar (vt)	at klæbe, at lime	[ʌ 'klɛ:bə], [ʌ 'li:mə]
cortar (vt)	at skære	[ʌ 'skɛ:ʌ]
falha (mau funcionamento)	funktionsfejl (f)	[fɔŋ'ɕoˀns‚fajˀl]
conserto (m)	reparation (f)	[ʁepʁɑ'ɕoˀn]
consertar, reparar (vt)	at reparere	[ʌ ʁepəˈʁɛˀʌ]
regular, ajustar (vt)	at justere	[ʌ ju'steˀʌ]
verificar (vt)	at tjekke	[ʌ 'tjɛkə]
verificação (f)	kontrol (f)	[kɔn'tʁʌlˀ]
indicação (f), registo (m)	aflæsninger (f pl)	['ɑw‚lɛˀsneŋʌ]
seguro	pålidelig	[pʌ'liðˀəli]
complicado	kompleks	[kʌm'plɛks]
enferrujar (vi)	at ruste	[ʌ 'ʁɔstə]
enferrujado	rusten	['ʁɔstən]
ferrugem (f)	rust (f)	['ʁɔst]

Transportes

105. Avião

Português	Dinamarquês	Pronúncia
avião (m)	fly (i)	['fly']
bilhete (m) de avião	flybillet (f)	['fly bi'lɛt]
companhia (f) aérea	flyselskab (i)	['fly'sɛl,skæeˀb]
aeroporto (m)	lufthavn (f)	['lɔft,hawˀn]
supersónico	overlyds-	['ɒwʌ,lyðs-]
comandante (m) do avião	kaptajn (f)	[kɑp'tɑjˀn]
tripulação (f)	besætning (f)	[be'sɛtneŋ]
piloto (m)	pilot (f)	[pi'loˀt]
hospedeira (f) de bordo	stewardesse (f)	[stjuɑ'dɛsə]
copiloto (m)	styrmand (f)	['styɐ̯,manˀ]
asas (f pl)	vinger (f pl)	['veŋʌ]
cauda (f)	hale (f)	['hæː,lə]
cabine (f) de pilotagem	cockpit (i)	['kʌk,pit]
motor (m)	motor (f)	['moːtʌ]
trem (m) de aterragem	landingshjul (i)	['laneŋs,juˀl]
turbina (f)	turbine (f)	[tuɐ̯'biːnə]
hélice (f)	propel (f)	[pʁo'pɛlˀ]
caixa-preta (f)	sort boks (f)	['soɐ̯t 'bʌks]
coluna (f) de controlo	rat (i)	['ʁɑt]
combustível (m)	brændstof (i)	['bʁan,stʌf]
instruções (f pl) de segurança	sikkerhedsinstruks (f)	['sekʌ,heðˀ en'stʁuks]
máscara (f) de oxigénio	iltmaske (f)	['ilt,maskə]
uniforme (m)	uniform (f)	[uni'fɒˀm]
colete (m) salva-vidas	redningsvest (f)	['ʁɛðneŋs,vɛst]
paraquedas (m)	faldskærm (f)	['fal,skæɐ̯ˀm]
descolagem (f)	start (f)	['stɑˀt]
descolar (vi)	at lette	[ʌ 'lɛtə]
pista (f) de descolagem	startbane (f)	['stɑːt,bæːnə]
visibilidade (f)	sigtbarhed (f)	['segtbɑ,heðˀ]
voo (m)	flyvning (f)	['flywneŋ]
altura (f)	højde (f)	['hʌjˀdə]
poço (m) de ar	lufthul (i)	['lɔft,hɔl]
assento (m)	plads (f)	['plas]
auscultadores (m pl)	hovedtelefoner (f pl)	['hoːəð teləˈfoˀnʌ]
mesa (f) rebatível	klapbord (i)	['klɑp,boˀɐ̯]
vigia (f)	vindue (i)	['vendu]
passagem (f)	midtergang (f)	['metʌ,gɑŋˀ]

106. Comboio

Português	Dinamarquês	Pronúncia
comboio (m)	tog (i)	['tɔˀw]
comboio (m) suburbano	lokaltog (i)	[lo'kæˀlˌtɔˀw]
comboio (m) rápido	lyntog, eksprestog (i)	['ly:nˌtɔˀw], [ɛks'pʁasˌtɔˀw]
locomotiva (f) diesel	diesellokomotiv (i)	['diˀsəl lokomo'tiwˀ]
locomotiva (f) a vapor	damplokomotiv (i)	['damp lokomo'tiwˀ]
carruagem (f)	vogn (f)	['vɒwˀn]
carruagem restaurante (f)	spisevogn (f)	['spi:səˌvɒwˀn]
carris (m pl)	skinner (f pl)	['skenʌ]
caminho de ferro (m)	jernbane (f)	['jæɐ̯ˀnˌbæ:nə]
travessa (f)	svelle (f)	['svɛlə]
plataforma (f)	perron (f)	[pa'ʁʌŋ]
linha (f)	spor (i)	['spoˀɐ̯]
semáforo (m)	semafor (f)	[sema'foˀɐ̯]
estação (f)	station (f)	[sta'ɕoˀn]
maquinista (m)	togfører (f)	['tɔwˌfø:ʌ]
bagageiro (m)	drager (f)	['dʁɑ:wʌ]
hospedeiro, -a (da carruagem)	togbetjent (f)	['tɔw be'tjɛnˀt]
passageiro (m)	passager (f)	[pasa'ɕeˀɐ̯]
revisor (m)	kontrollør (f)	[kʌntʁo'løˀɐ̯]
corredor (m)	korridor (f)	[kɒi'doˀɐ̯]
freio (m) de emergência	nødbremse (f)	['nøðˌbʁamsə]
compartimento (m)	kupe, kupé (f)	[ku'peˀ]
cama (f)	køje (f)	['kʌjə]
cama (f) de cima	overkøje (f)	['ɒwʌˌkʌjə]
cama (f) de baixo	underkøje (f)	['ɔnʌˌkʌjə]
roupa (f) de cama	sengetøj (i)	['sɛŋəˌtʌj]
bilhete (m)	billet (f)	[bi'lɛt]
horário (m)	køreplan (f)	['kø:ʌˌplæˀn]
painel (m) de informação	informationstavle (f)	[enfoma'ɕons ˌtawlə]
partir (vt)	at afgå	[ʌ 'awˌgɔˀ]
partida (f)	afgang (f)	['awˌgaŋˀ]
chegar (vi)	at ankomme	[ʌ 'anˌkʌmˀə]
chegada (f)	ankomst (f)	['anˌkʌmˀst]
chegar de comboio	at ankomme med toget	[ʌ 'anˌkʌmˀə mɛ 'tɔˀwəð]
apanhar o comboio	at stå på toget	[ʌ 'sti:ə pɔ 'tɔˀwəð]
sair do comboio	at stå af toget	[ʌ 'sti:ə a 'tɔˀwəð]
acidente (m) ferroviário	togulykke (f)	['tɔw uˌløkə]
descarrilar (vi)	at afspore	[ʌ 'awˌspoˀʌ]
locomotiva (f) a vapor	damplokomotiv (i)	['damp lokomo'tiwˀ]
fogueiro (m)	fyrbøder (f)	['fyɐ̯ˌbøðʌ]
fornalha (f)	fyrrum (i)	['fyɐ̯ˌʁomˀ]
carvão (m)	kul (i)	['kɔl]

107. Barco

navio (m)	skib (i)	['ski'b]
embarcação (f)	fartøj (i)	['fɑː,tʌj]
vapor (m)	dampskib (i)	['damp,ski'b]
navio (m)	flodbåd (f)	['floð,bɔ'ð]
transatlântico (m)	cruiseskib (i)	['kʁuːs,ski'b]
cruzador (m)	krydser (f)	['kʁysʌ]
iate (m)	yacht (f)	['jagt]
rebocador (m)	bugserbåd (f)	[bug'seɡ,bɔ'ð]
barcaça (f)	pram (f)	['pʁamˀ]
ferry (m)	færge (f)	['fæɡwə]
veleiro (m)	sejlbåd (f)	['sajl,bɔ'ð]
bergantim (m)	brigantine (f)	[bʁigan'tiːnə]
quebra-gelo (m)	isbryder (f)	['is,bʁyðʌ]
submarino (m)	u-båd (f)	['uˀ,bɔð]
bote, barco (m)	båd (f)	['bɔ'ð]
bote, dingue (m)	jolle (f)	['jʌlə]
bote (m) salva-vidas	redningsbåd (f)	['ʁɛðneŋs,bɔ'ð]
lancha (f)	motorbåd (f)	['moːtʌ,bɔ'ð]
capitão (m)	kaptajn (f)	[kap'taj'n]
marinheiro (m)	matros (f)	[ma'tʁo's]
marujo (m)	sømand (f)	['sø,manˀ]
tripulação (f)	besætning (f)	[be'sɛtneŋ]
contramestre (m)	bådsmand (f)	['bɔðs,manˀ]
grumete (m)	skibsdreng, jungmand (f)	['skibs,dʁaŋˀ], ['jɔŋ,manˀ]
cozinheiro (m) de bordo	kok (f)	['kʌk]
médico (m) de bordo	skibslæge (f)	['skibs,lɛːjə]
convés (m)	dæk (i)	['dɛk]
mastro (m)	mast (f)	['mast]
vela (f)	sejl (i)	['sajˀl]
porão (m)	lastrum (i)	['last,ʁɔmˀ]
proa (f)	bov (f)	['bɒwˀ]
popa (f)	agterende (f)	['agtʌ,ʁanə]
remo (m)	åre (f)	['ɒːɒ]
hélice (f)	propel (f)	[pʁo'pɛlˀ]
camarote (m)	kahyt (f)	[ka'hyt]
sala (f) dos oficiais	officersmesse (f)	[ʌfi'seɡs ˌmɛsə]
sala (f) das máquinas	maskinrum (i)	[ma'skiːn,ʁɔmˀ]
ponte (m) de comando	kommandobro (f)	[kɔ'mando,bʁo']
sala (f) de comunicações	radiorum (i)	['ʁadjo,ʁɔmˀ]
onda (f) de rádio	bølge (f)	['bøljə]
diário (m) de bordo	logbog (f)	['lʌg,bɔ'w]
luneta (f)	kikkert (f)	['kikʌt]
sino (m)	klokke (f)	['klʌkə]

bandeira (f)	flag (i)	['flæˀj]
cabo (m)	trosse (f)	['tʁʌsə]
nó (m)	knob (i)	['knoˀb]

corrimão (m)	håndlister (pl)	['hʌnˌlestʌ]
prancha (f) de embarque	landgang (f)	['lanˌgaŋˀ]

âncora (f)	anker (i)	['aŋkʌ]
recolher a âncora	at lette anker	[ʌ 'lɛtə 'aŋkʌ]
lançar a âncora	at kaste anker	[ʌ 'kastə 'aŋkʌ]
amarra (f)	ankerkæde (f)	['aŋkʌˌkɛːðə]

porto (m)	havn (f)	['hawˀn]
cais, amarradouro (m)	kaj (f)	['kajˀ]
atracar (vi)	at fortøje	[ʌ fʌ'tʌjˀə]
desatracar (vi)	at kaste los	[ʌ 'kastə 'lʌs]

viagem (f)	rejse (f)	['ʁajsə]
cruzeiro (m)	krydstogt (i)	['kʁysˌtʌgt]
rumo (m), rota (f)	kurs (f)	['kuɐ̯ˀs]
itinerário (m)	rute (f)	['ʁuːtə]

canal (m) navegável	sejlrende (f)	['sajlˌʁanə]
banco (m) de areia	grund (f)	['gʁɔnˀ]
encalhar (vt)	at gå på grund	[ʌ 'gɔˀ pɔ 'gʁɔnˀ]

tempestade (f)	storm (f)	['stoˀm]
sinal (m)	signal (i)	[si'næˀl]
afundar-se (vr)	at synke	[ʌ 'sønkə]
Homem ao mar!	Mand over bord!	['manˀ 'ɒwʌ ˌboˀɐ̯]
SOS	SOS	[ɛso'ɛs]
boia (f) salva-vidas	redningskrans (f)	['ʁɛðneŋsˌkʁanˀs]

108. Aeroporto

aeroporto (m)	lufthavn (f)	['lɔftˌhawˀn]
avião (m)	fly (i)	['flyˀ]
companhia (f) aérea	flyselskab (i)	['flyˀsɛlˌskæˀb]
controlador (m) de tráfego aéreo	flyveleder (f)	['flyːvəˌleːðʌ]

partida (f)	afgang (f)	['awˌgaŋˀ]
chegada (f)	ankomst (f)	['anˌkʌmˀst]
chegar (~ de avião)	at ankomme	[ʌ 'anˌkʌmˀə]

hora (f) de partida	afgangstid (f)	['awgaŋsˌtiðˀ]
hora (f) de chegada	ankomsttid (f)	['ankʌmˀstˌtið]

estar atrasado	at blive forsinke	[ʌ 'bliːə fʌ'seŋˀkə]
atraso (m) de voo	afgangsforsinkelse (f)	['awˌgaŋs fʌ'seŋkəlsə]

painel (m) de informação	informationstavle (f)	[enfɒma'çons ˌtawlə]
informação (f)	information (f)	[enfɒma'çoˀn]
anunciar (vt)	at meddele	[ʌ 'mɛðˌdeˀlə]

Portuguese	Danish	Pronunciation
voo (m)	flight (f)	['flɑjt]
alfândega (f)	told (f)	['tʌlˀ]
funcionário (m) da alfândega	toldbetjent (f)	['tʌl be'tjɛnˀt]
declaração (f) alfandegária	tolddeklaration (f)	['tʌl deklɑɑˌɕoˀn]
preencher (vt)	at udfylde	[ʌ 'uðˌfylˀə]
preencher a declaração	at udfylde en tolddeklaration	[ʌ 'uðˌfylˀə en 'tʌlˀdeklɑɑ'ɕoˀn]
controlo (m) de passaportes	paskontrol (f)	['pasgɔnˌtʁʌlˀ]
bagagem (f)	bagage (f)	[ba'gæːɕə]
bagagem (f) de mão	håndbagage (f)	['hʌn ba'gæːɕə]
carrinho (m)	bagagevogn (f)	[ba'gæːɕəˌvɒwˀn]
aterragem (f)	landing (f)	['lanen]
pista (f) de aterragem	landingsbane (f)	['lanenseˌbæːnə]
aterrar (vi)	at lande	[ʌ 'lanə]
escada (f) de avião	trappe (f)	['tʁapə]
check-in (m)	check-in (f)	[tjɛk'en]
balcão (m) do check-in	check-in-skranke (f)	[tjɛk'enˌskʁɑŋkə]
fazer o check-in	at tjekke ind	[ʌ 'tjɛkə 'enˀ]
cartão (m) de embarque	boardingkort (i)	['bɔːdenˌkɒːt]
porta (f) de embarque	gate (f)	['gɛjt]
trânsito (m)	transit (f)	[tʁɑn'sit]
esperar (vi, vt)	at vente	[ʌ 'vɛntə]
sala (f) de espera	ventesal (f)	['vɛntəˌsæˀl]
despedir-se de ...	at vinke farvel	[ʌ 'veŋkə fɑ'vɛl]
despedir-se (vr)	at sige farvel	[ʌ 'siː fɑ'vɛl]

Eventos

109. Férias. Evento

festa (f)	fest (f)	['fɛst]
festa (f) nacional	nationaldag (f)	[naɕo'næˀlˌdæˀ]
feriado (m)	festdag (f)	['fɛstˌdæˀ]
festejar (vt)	at fejre	[ʌ 'fajʁʌ]
evento (festa, etc.)	begivenhed (f)	[be'giˀvənˌheðˀ]
evento (banquete, etc.)	arrangement (i)	[aaŋɕə'maŋ]
banquete (m)	banket (f)	[baŋ'kɛt]
receção (f)	reception (f)	[ʁɛsəp'ɕoˀn]
festim (m)	fest (f)	['fɛst]
aniversário (m)	årsdag (f)	['ɒˀsˌdæˀ]
jubileu (m)	jubilæum (i)	[jubi'lɛːɔm]
celebrar (vt)	at fejre	[ʌ 'fajʁʌ]
Ano (m) Novo	nytår (i)	['nytˌɒˀ]
Feliz Ano Novo!	Godt nytår!	['gʌt 'nytˌɒˀ]
Pai (m) Natal	Julemanden	['juːləˌmanˀ]
Natal (m)	jul (f)	['juˀl]
Feliz Natal!	Glædelig Jul!, God Jul!	['glɛːðəli 'juˀl], [goð 'juˀl]
árvore (f) de Natal	juletræ (i)	['juːləˌtʁɛˀ]
fogo (m) de artifício	fyrværkeri (i)	[fyɐ̯væɐ̯kʌ'ʁiˀ]
boda (f)	bryllup (i)	['bʁœlʌp]
noivo (m)	brudgom (f)	['bʁuðˌgʌmˀ]
noiva (f)	brud (f)	['bʁuð]
convidar (vt)	at indbyde, at invitere	[ʌ 'enˌbyˀðə], [ʌ envi'teˀʌ]
convite (m)	indbydelse (f)	[en'byˀðəlsə]
convidado (m)	gæst (f)	['gɛst]
visitar (vt)	at besøge	[ʌ be'søˀjə]
receber os hóspedes	at hilse på gæsterne	[ʌ 'hilsə pɔ 'gɛstɐ̯nə]
presente (m)	gave (f)	['gæːvə]
oferecer (vt)	at give	[ʌ 'giˀ]
receber presentes	at få gaver	[ʌ 'fɔˀ 'gæːvə]
ramo (m) de flores	buket (f)	[bu'kɛt]
felicitações (f pl)	lykønskning (f)	['løkˌønˀsknen]
felicitar (dar os parabéns)	at gratulere	[ʌ gʁatu'leˀʌ]
cartão (m) de parabéns	lykønskningskort (i)	['løkˌønˀsknenˠs 'kɒːt]
enviar um postal	at sende et postkort	[ʌ 'sɛnə et 'pʌstˌkɒːt]
receber um postal	at få et postkort	[ʌ 'fɔˀ et 'pʌstˌkɒːt]

brinde (m)	skål (f)	['skɔˀl]
oferecer (vt)	at byde på	[ʌ 'by:ðə pɔˀ]
champanhe (m)	champagne (f)	[ɕam'panjə]
divertir-se (vr)	at more sig	[ʌ 'moːʌ saj]
diversão (f)	munterhed (f)	['mɔntʌˌheðˀ]
alegria (f)	glæde (f)	['glɛːðə]
dança (f)	dans (f)	['danˀs]
dançar (vi)	at danse	[ʌ 'dansə]
valsa (f)	vals (f)	['valˀs]
tango (m)	tango (f)	['taŋgo]

110. Funerais. Enterro

cemitério (m)	kirkegård (f)	['kiɐ̯kəˌgɒˀ]
sepultura (f), túmulo (m)	grav (f)	['gʁɑˀw]
cruz (f)	kors (i)	['kɒːs]
lápide (f)	gravsten (f)	['gʁawˌsteˀn]
cerca (f)	hegn (i)	['hajˀn]
capela (f)	kapel (i)	[ka'pɛlˀ]
morte (f)	død (f)	['døðˀ]
morrer (vi)	at dø	[ʌ 'døˀ]
defunto (m)	den afdøde	[dən aw'døːðə]
luto (m)	sorg (f)	['sɒˀw]
enterrar, sepultar (vt)	at begrave	[ʌ be'gʁɑˀvə]
agência (f) funerária	begravelseskontor (i)	[be'gʁɑˀwəlsəs kɔn'toˀɐ̯]
funeral (m)	begravelse (f)	[be'gʁɑˀwəlsə]
coroa (f) de flores	krans (f)	['kʁanˀs]
caixão (m)	ligkiste (f)	['liːˌkiːstə]
carro (m) funerário	rustvogn (f)	['ʁɔstˌvɒwˀn]
mortalha (f)	ligklæde (i)	['liːˌklɛːðə]
procissão (f) funerária	sørgetog (i)	['sœɐ̯wəˌtɔˀw]
urna (f) funerária	urne (f)	['uɐ̯nə]
crematório (m)	krematorium (i)	[kʁɛma'toˀɐ̯iɔm]
obituário (m), necrologia (f)	nekrolog (f)	[nekʁo'loˀ]
chorar (vi)	at græde	[ʌ 'gʁɑːðə]
soluçar (vi)	at hulke	[ʌ 'hulkə]

111. Guerra. Soldados

pelotão (m)	deling (f)	['deːleŋ]
companhia (f)	kompagni (i)	[kɔmpa'niˀ]
regimento (m)	regiment (i)	[ʁɛgi'mɛnˀt]
exército (m)	hær (f)	['hɛˀɐ̯]
divisão (f)	division (f)	[divi'ɕoˀn]

| destacamento (m) | trop (f), afdeling (f) | ['tʁʌp], ['awˌdeˀleŋ] |
| hoste (f) | hær (f) | ['hɛˀɐ̯] |

| soldado (m) | soldat (f) | [sol'dæˀt] |
| oficial (m) | officer (f) | [ʌfi'seˀɐ̯] |

soldado (m) raso	menig (f)	['meːni]
sargento (m)	sergent (f)	[sæɐ̯'ɢanˀt]
tenente (m)	løjtnant (f)	['lʌjtˌnanˀt]
capitão (m)	kaptajn (f)	[kɑp'tɑjˀn]
major (m)	major (f)	[ma'joˀɐ̯]
coronel (m)	oberst (f)	['oˀbʌst]
general (m)	general (f)	[genə'ʁɑˀl]

marujo (m)	sømand (f)	['søˌmanˀ]
capitão (m)	kaptajn (f)	[kɑp'tɑjˀn]
contramestre (m)	bådsmand (f)	['bɔðsˌmanˀ]

artilheiro (m)	artillerist (f)	[ˌɑːtelʌ'ʁist]
soldado (m) paraquedista	faldskærmsjæger (f)	['falˌskæɐ̯ˀmsˌjɛːjʌ]
piloto (m)	flyver (f)	['flyːvʌ]
navegador (m)	styrmand (f)	['styɐ̯ˌmanˀ]
mecânico (m)	mekaniker (f)	[me'kæˀnikʌ]

sapador (m)	pioner (f)	[pio'neˀɐ̯]
paraquedista (m)	faldskærmsudspringer (f)	['falˌskæɐ̯ˀms 'uðˌspʁɛŋʌ]
explorador (m)	opklaringssoldat (f)	['ʌpˌklaˀeŋs sol'dæˀt]
franco-atirador (m)	snigskytte (f)	['sniːˌskøtə]
patrulha (f)	patrulje (f)	[pa'tʁuljə]
patrulhar (vt)	at patruljere	[ʌ patʁul'jeˀʌ]
sentinela (f)	vagt (f)	['vɑgt]

guerreiro (m)	kriger (f)	['kʁiˀʌ]
patriota (m)	patriot (f)	[patʁi'oˀt]
herói (m)	helt (f)	['hɛlˀt]
heroína (f)	heltinde (f)	[hɛlt'enə]

traidor (m)	forræder (f)	[fʌ'ʁaðˀʌ]
trair (vt)	at forråde	[ʌ fʌ'ʁɔˀðə]
desertor (m)	desertør (f)	[desæɐ̯'tøˀɐ̯]
desertar (vt)	at desertere	[ʌ desæɐ̯'teˀʌ]

mercenário (m)	lejesoldat (f)	['lɑjə sol'dæˀt]
recruta (m)	rekrut (f)	[ʁɛ'kʁut]
voluntário (m)	frivillig (f)	['fʁiˌvilˀi]

morto (m)	dræbt (f)	['dʁabt]
ferido (m)	såret (f)	['sɒːʌð]
prisioneiro (m) de guerra	fange (f)	['fɑŋə]

112. Guerra. Ações militares. Parte 1

| guerra (f) | krig (f) | ['kʁiˀ] |
| guerrear (vt) | at være i krig | [ʌ 'vɛːʌ i kʁiˀ] |

guerra (f) civil	borgerkrig (f)	['bɒːwʌˌkʁi²]
perfidamente	troløst, forræderisk	['tʁoˌløˀs], [fʌ'ʁaðˀʌʁisk]
declaração (f) de guerra	krigserklæring (f)	[ˌkʁis æɡ'klɛˀɡeŋ]
declarar (vt) guerra	at erklære	[ʌ æɡ'klɛˀʌ]
agressão (f)	aggression (f)	[agʁə'ɕoˀn]
atacar (vt)	at angribe	[ʌ 'anˌgʁiˀbə]

invadir (vt)	at invadere	[ʌ enva'deˀʌ]
invasor (m)	angriber (f)	['anˌgʁiˀbʌ]
conquistador (m)	erobrer (f)	[e'ʁoˀbʁʌ]

defesa (f)	forsvar (i)	['fɒːˌsvaˀ]
defender (vt)	at forsvare	[ʌ fʌ'svaˀa]
defender-se (vr)	at forsvare sig	[ʌ fʌ'svaˀa saj]

inimigo (m)	fjende (f)	['fjɛnə]
adversário (m)	modstander (f)	['moðˌstanˀʌ]
inimigo	fjendtlig	['fjɛntli]

| estratégia (f) | strategi (f) | [stʁatə'giˀ] |
| tática (f) | taktik (f) | [tak'tik] |

ordem (f)	ordre (f)	['ɒˀdʁʌ]
comando (m)	ordre (f), kommando (i, f)	['ɒˀdʁʌ], [ko'mando]
ordenar (vt)	at beordre	[ʌ be'ɒˀdʁʌ]
missão (f)	mission (f)	[mi'ɕoˀn]
secreto	hemmelig	['hɛməli]

batalha (f)	batalje (f)	[ba'taljə]
batalha (f)	slag (i)	['slæˀj]
combate (m)	kamp (f)	['kamˀp]

ataque (m)	angreb (i)	['anˌgʁɛˀb]
assalto (m)	storm (f)	['stɒˀm]
assaltar (vt)	at storme	[ʌ 'stɒːmə]
assédio, sítio (m)	belejring (f)	[be'lajˀʁeŋ]

| ofensiva (f) | offensiv (f), angreb (i) | ['ʌfənˌsiwˀ], ['anˌgʁɛˀb] |
| passar à ofensiva | at angribe | [ʌ 'anˌgʁiˀbə] |

| retirada (f) | retræte (f) | [ʁɛ'tʁɛːtə] |
| retirar-se (vr) | at retirere | [ʌ ʁɛti'ʁɛˀʌ] |

| cerco (m) | omringning (f) | ['ʌmˌʁɛŋneŋ] |
| cercar (vt) | at omringe | [ʌ 'ʌmˌʁɛŋˀə] |

bombardeio (m)	bombning (f)	['bɒmbneŋ]
lançar uma bomba	at droppe en bombe	[ʌ 'dʁʌpə en 'bɒmbə]
bombardear (vt)	at bombardere	[ʌ bɒmba'deˀʌ]
explosão (f)	eksplosion (f)	[ɛksplo'ɕoˀn]

tiro (m)	skud (i)	['skuð]
disparar um tiro	at skyde	[ʌ 'skyːðə]
tiroteio (m)	skydning (f)	['skyðneŋ]
apontar para ...	at sigte på ...	[ʌ 'segtə pɒˀ ...]
apontar (vt)	at rette ind	[ʌ 'ʁatə enˀ]

acertar (vt)	at træffe	[ʌ 'tʁafə]
afundar (um navio)	at sænke	[ʌ 'sɛŋkə]
brecha (f)	hul (i)	['hɔl]
afundar-se (vr)	at synke	[ʌ 'søŋkə]
frente (m)	front (f)	['fʁʌnˀt]
evacuação (f)	evakuering (f)	[evaku'eˀʁeŋ]
evacuar (vt)	at evakuere	[ʌ evaku'eˀʌ]
trincheira (f)	skyttegrav (f)	['skøtəˌgʁɑˀw]
arame (m) farpado	pigtråd (f)	['pigˌtʁɔˀð]
obstáculo (m) anticarro	afspærring (f)	['awˌspæɐ̯ˀeŋ]
torre (f) de vigia	vagttårn (i)	['vɑgtˌtɒˀn]
hospital (m)	militærsygehus (i)	[mili'tɛɐ̯ 'sy:əˌhuˀs]
ferir (vt)	at såre	[ʌ 'sɒ:ɒ]
ferida (f)	sår (i)	['sɒˀ]
ferido (m)	såret (f)	['sɒ:ʌð]
ficar ferido	at blive såret	[ʌ 'bli:ə 'sɒ:ʌð]
grave (ferida ~)	alvorlig	[al'vɒˀli]

113. Guerra. Ações militares. Parte 2

cativeiro (m)	fangenskab (i)	['faŋənˌskæˀb]
capturar (vt)	at tage til fange	[ʌ 'tæˀ tel 'faŋə]
estar em cativeiro	at være i fangenskab	[ʌ 'vɛ:ʌ i 'faŋənˌskæˀb]
ser aprisionado	at blive taget til fange	[ʌ 'bli:ə 'tææð tel 'faŋə]
campo (m) de concentração	koncentrationslejr (f)	[kʌnsəntʁa'ɕoˀnsˌlajˀʌ]
prisioneiro (m) de guerra	fange (f)	['faŋə]
escapar (vi)	at flygte	[ʌ 'fløgtə]
trair (vt)	at forråde	[ʌ fʌ'ʁɔˀðə]
traidor (m)	forræder (f)	[fʌ'ʁaðˀʌ]
traição (f)	forræderi (i)	[fʌʁaðʌ'ʁiˀ]
fuzilar, executar (vt)	at henrette ved skydning	[ʌ 'hɛnˌʁatə ve 'skyðneŋ]
fuzilamento (m)	skydning (f)	['skyðneŋ]
equipamento (m)	mundering (f)	[mɔn'deˀɐ̯eŋ]
platina (f)	skulderstrop (f)	['skulʌˌstʁʌp]
máscara (f) antigás	gasmaske (f)	['gasˌmaskə]
rádio (m)	feltradio (f)	['fɛlˀtˌʁɑˀdjo]
cifra (f), código (m)	chiffer (i)	['ɕifʌ]
conspiração (f)	hemmelgholdelse (f)	['hɛməliˌhʌlˀəlsə]
senha (f)	adgangskode (f)	['aðgaŋsˌko:ðə]
mina (f)	mine (f)	['mi:nə]
minar (vt)	at minere	[ʌ mi'neˀʌ]
campo (m) minado	minefelt (i)	['mi:nəˌfɛlˀt]
alarme (m) aéreo	luftalarm (f)	['lɔft a'lɑˀm]
alarme (m)	alarm (f)	[a'lɑˀm]

sinal (m)	signal (i)	[si'næ⁷l]
sinalizador (m)	signalraket (f)	[si'næl ʁɑ'kɛt]

estado-maior (m)	stab (f)	['stæ⁷b]
reconhecimento (m)	opklaring (f)	['ʌpˌklɑ⁷eŋ]
situação (f)	situation (f)	[sitwa'ɕo⁷n]
relatório (m)	rapport (f)	[ʁɑ'pɔːt]
emboscada (f)	baghold (i)	['bɑwˌhʌl⁷]
reforço (m)	forstærkning (f)	[fʌ'stæɡkneŋ]

alvo (m)	mål (i)	['mɔ⁷l]
campo (m) de tiro	skydebane (f)	['skyːðəˌbæːnə]
manobras (f pl)	manøvrer (f pl)	[ma'nøwʁʌ]

pânico (m)	panik (f)	[pa'nik]
devastação (f)	ødelæggelse (f)	['øːðəˌlɛɡəlsə]
ruínas (f pl)	ruiner (f pl)	[ʁu'i⁷nʌ]
destruir (vt)	at ødelægge	[ʌ 'øːðəˌlɛɡə]

sobreviver (vi)	at overleve	[ʌ 'ɒwʌˌle⁷və]
desarmar (vt)	at afvæbne	[ʌ 'ɑwˌvɛ⁷bnə]
manusear (vt)	at håndtere	[ʌ hʌn'te⁷ʌ]

Firmes!	Ret!	['ʁat]
Descansar!	Rør!	['ʁœ⁷ɐ̯]

façanha (f)	bedrift (f)	[be'dʁɛft]
juramento (m)	ed (f)	['eð⁷]
jurar (vi)	at sværge	[ʌ 'svæɐ̯wə]

condecoração (f)	belønning (f)	[be'lœn⁷eŋ]
condecorar (vt)	at belønne	[ʌ be'lœn⁷ə]
medalha (f)	medalje (f)	[me'daljə]
ordem (f)	orden (f)	['ɒ⁷dən]

vitória (f)	sejr (f)	['sɑj⁷ʌ]
derrota (f)	nederlag (i)	['neðʌˌlæ⁷j]
armistício (m)	våbenhvile (f)	['vɔ⁷bənˌviːlə]

bandeira (f)	fane (f)	['fæːnə]
glória (f)	berømmelse (f)	[be'ʁœm⁷əlsə]
desfile (m) militar	parade (f)	[pɑ'ʁɑːðə]
marchar (vi)	at marchere	[ʌ mɑ'ɕe⁷ʌ]

114. Armas

arma (f)	våben (i)	['vɔ⁷bən]
arma (f) de fogo	skydevåben (i)	['skyːðəˌvɔ⁷bən]
arma (f) branca	blankvåben (i)	['blɑŋkəˌvɔ⁷bən]

arma (f) química	kemisk våben (i)	['ke⁷misk ˌvɔ⁷bən]
nuclear	kerne-, atom-	['kæɐ̯nə-], [a'tom-]
arma (f) nuclear	kernevåben (i)	['kæɐ̯nəˌvɔ⁷bən]
bomba (f)	bombe (f)	['bɔmbə]

bomba (f) atómica	atombombe (f)	[a'toʔmˌbɔmbə]
pistola (f)	pistol (f)	[pi'stoʔl]
caçadeira (f)	gevær (i)	[ge'vɛʔɐ̯]
pistola-metralhadora (f)	maskinpistol (f)	[ma'ski:n pi'stoʔl]
metralhadora (f)	maskingevær (i)	[ma'ski:n ge'vɛʔɐ̯]
boca (f)	munding (f)	['monen̩]
cano (m)	løb (i)	['løʔb]
calibre (m)	kaliber (i, f)	[ka'liʔbʌ]
gatilho (m)	aftrækker (f)	['ɑwˌtʁakʌ]
mira (f)	sigte (i)	['segtə]
carregador (m)	magasin (i)	[mɑga'siʔn]
coronha (f)	kolbe (f)	['kʌlbə]
granada (f) de mão	håndgranat (f)	['hʌn gʁɑ'næʔt]
explosivo (m)	sprængstof (i)	['spʁaŋˌstʌf]
bala (f)	kugle (f)	['ku:lə]
cartucho (m)	patron (f)	[pa'tʁoʔn]
carga (f)	ladning (f)	['laðnen̩]
munições (f pl)	ammunition (f)	[amuni'ɕoʔn]
bombardeiro (m)	bombefly (i)	['bɔmbəˌflyʔ]
avião (m) de caça	jagerfly (i)	['jɛːjəˌflyʔ]
helicóptero (m)	helikopter (f)	[hɛli'kʌptʌ]
canhão (m) antiaéreo	luftværnskanon (f)	['lɔftvæɐ̯ns ka'noʔn]
tanque (m)	kampvogn (f)	['kampˌvɒʔwn]
canhão (de um tanque)	kanon (f)	[ka'noʔn]
artilharia (f)	artilleri (i)	[ˌɑːtelʌ'ʁiʔ]
canhão (m)	kanon (f)	[ka'noʔn]
fazer a pontaria	at rette ind	[ʌ 'ʁatə enʔ]
obus (m)	projektil (i)	[pʁoɕɛk'tiʔl]
granada (f) de morteiro	mortergranat (f)	[mɒˌteɐ̯ gʁɑ'næʔt]
morteiro (m)	morter (f)	[mɒ'teʔɐ̯]
estilhaço (m)	splint (f)	['splenʔt]
submarino (m)	u-båd (f)	['uʔˌbɔð]
torpedo (m)	torpedo (f)	[tɒ'pe:do]
míssil (m)	missil (i)	[mi'siʔl]
carregar (uma arma)	at lade	[ʌ 'læːðə]
atirar, disparar (vi)	at skyde	[ʌ 'sky:ðə]
apontar para ...	at sigte på ...	[ʌ 'segtə pɔʔ ...]
baioneta (f)	bajonet (f)	[bɑjo'nɛt]
espada (f)	kårde (f)	['kɒʔʌ]
sabre (m)	sabel (f)	['sæʔbəl]
lança (f)	spyd (i)	['spyð]
arco (m)	bue (f)	['bu:ə]
flecha (f)	pil (f)	['piʔl]
mosquete (m)	musket (f)	[mu'skɛt]
besta (f)	armbrøst (f)	['ɑʔmˌbʁœst]

115. Povos da antiguidade

primitivo	fortids-	[ˈfɔːtiðs-]
pré-histórico	forhistorisk	[ˈfɔːhiˈstoˀʁisk]
antigo	oldtids-, antik	[ˈʌlˌtiðs-], [anˈtik]
Idade (f) da Pedra	Stenalderen	[ˈsteːnˌalˀʌən]
Idade (f) do Bronze	Bronzealder (f)	[ˈbʁʌŋsəˌalˀʌ]
período (m) glacial	istid (f), glacialtid (f)	[ˈisˌtiðˀ], [glaˈɕælˌtiðˀ]
tribo (f)	stamme (f)	[ˈstɑmə]
canibal (m)	kannibal (f)	[kaniˈbæˀl]
caçador (m)	jæger (f)	[ˈjɛːjʌ]
caçar (vi)	at jage	[ʌ ˈjæːjə]
mamute (m)	mammut (f)	[ˈmɑmut]
caverna (f)	grotte (f)	[ˈgʁʌtə]
fogo (m)	ild (f)	[ˈilˀ]
fogueira (f)	bål (i)	[ˈbɔˀl]
pintura (f) rupestre	helleristning (f)	[ˈhɛləˌʁɛstneŋ]
ferramenta (f)	redskab (i)	[ˈʁɛðˌskæˀb]
lança (f)	spyd (i)	[ˈspyð]
machado (m) de pedra	stenøkse (f)	[ˈsteːnˌøksə]
guerrear (vt)	at være i krig	[ʌ ˈvɛːʌ i kʁiˀ]
domesticar (vt)	at tæmme	[ʌ ˈtɛmə]
ídolo (m)	idol (i)	[iˈdoˀl]
adorar, venerar (vt)	at dyrke	[ʌ ˈdyɐ̯kə]
superstição (f)	overtro (f)	[ˈɒwʌˌtʁoˀ]
ritual (m)	ritus (f), rite (f)	[ˈʁitus], [ˈʁitə]
evolução (f)	evolution (f)	[evoluˈɕoˀn]
desenvolvimento (m)	udvikling (f)	[ˈuðˌvekleŋ]
desaparecimento (m)	forsvinden (f)	[fʌˈsvenən]
adaptar-se (vr)	at tilpasse sig	[ʌ ˈtelˌpasə sɑj]
arqueologia (f)	arkæologi (f)	[ˌɑːkɛoloˈgiˀ]
arqueólogo (m)	arkæolog (f)	[ˌɑːkɛoˈloˀ]
arqueológico	arkæologisk	[ˌɑːkɛoˈloˀisk]
local (m) das escavações	udgravningssted (i)	[ˈuðˌgʁɑwˀneŋs ˌstɛð]
escavações (f pl)	udgravninger (f pl)	[ˈuðˌgʁɑwˀneŋʌ]
achado (m)	fund (i)	[ˈfɔnˀ]
fragmento (m)	fragment (i)	[fʁagˈmɛnˀt]

116. Idade média

povo (m)	folk (i)	[ˈfʌlˀk]
povos (m pl)	folk (i pl)	[ˈfʌlˀk]
tribo (f)	stamme (f)	[ˈstɑmə]
tribos (f pl)	stammer (f pl)	[ˈstɑmʌ]
bárbaros (m pl)	barbarer (pl)	[bɑˈbɑˀʌ]

gauleses (m pl)	gallere (pl)	['galɒˀʌ]
godos (m pl)	gotere (pl)	['goˀtɒˀʌ]
eslavos (m pl)	slaver (pl)	['slæˀvʌ]
víquingues (m pl)	vikinger (pl)	['vikeŋʌ]

romanos (m pl)	romere (pl)	['ʁoːmeˀʌ]
romano	romersk	['ʁoˀmʌsk]

bizantinos (m pl)	byzantinere (pl)	[bysan'tiˀneʌ]
Bizâncio	Byzans	[by'sans]
bizantino	byzantinsk	[bysan'tiˀnsk]

imperador (m)	kejser (f)	['kajsʌ]
líder (m)	høvding (f)	['hœwdeŋ]
poderoso	mægtig, magtfuld	['mɛgti], ['magtˌfulˀ]
rei (m)	konge (f)	['kʌŋə]
governante (m)	hersker (f)	['hæɐ̯skʌ]

cavaleiro (m)	ridder (f)	['ʁiðˀʌ]
senhor feudal (m)	feudalherre (f)	[fœw'dælˌhæˀʌ]
feudal	feudal	[fœw'dæˀl]
vassalo (m)	vasal (f)	[va'salˀ]

duque (m)	hertug (f)	['hæɐ̯tu]
conde (m)	greve (f)	['gʁɛːvə]
barão (m)	baron (f)	[bɑ'ʁoˀn]
bispo (m)	biskop (f)	['biskʌp]

armadura (f)	rustning (f)	['ʁɔstneŋ]
escudo (m)	skjold (i, f)	['skjʌlˀ]
espada (f)	sværd (i)	['svɛˀɐ̯]
viseira (f)	visir (i)	[vi'siɐ̯ˀ]
cota (f) de malha	ringbrynje (f)	['ʁɛŋˌbʁynjə]

cruzada (f)	korstog (i)	['kɒːsˌtɔˀw]
cruzado (m)	korsfarer (f)	['kɒːsˌfaːɑ]

território (m)	territorium (i)	[tæɐ̯i'toɐ̯ˀjɒm]
atacar (vt)	at angribe	[ʌ 'anˌgʁiˀbə]
conquistar (vt)	at erobre	[ʌ e'ʁoˀbʁʌ]
ocupar, invadir (vt)	at okkupere	[ʌ oku'peˀʌ]

assédio, sítio (m)	belejring (f)	[be'lajˀʁeŋ]
sitiado	belejret	[be'lajˀʁʌð]
assediar, sitiar (vt)	at belejre	[ʌ be'lajˀʁʌ]

inquisição (f)	inkvisition (f)	[enkvisi'ɕoˀn]
inquisidor (m)	inkvisitor (f)	[enkvi'sitʌ]
tortura (f)	tortur (f)	[tɒ'tuɐ̯ˀ]
cruel	brutal	[bʁu'tæˀl]
herege (m)	kætter (f)	['kɛtʌ]
heresia (f)	kætteri (i)	[kɛtʌ'ʁiˀ]

navegação (f) marítima	søfart (f)	['søˌfɑˀt]
pirata (m)	pirat, sørøver (f)	[pi'ʁɑˀt], ['søˌʁœːvʌ]
pirataria (f)	sørøveri (i)	['sø ʁœwʌ'ʁiˀ]

abordagem (f)	entring (f)	[ˈɑŋtʁɛŋ]
presa (f), butim (m)	bytte (i), fangst (f)	[ˈbytə], [ˈfɑŋˀst]
tesouros (m pl)	skatte (f pl)	[ˈskatə]

descobrimento (m)	opdagelse (f)	[ˈʌpˌdæˀjəlsə]
descobrir (novas terras)	at opdage	[ʌ ˈʌpˌdæˀjə]
expedição (f)	ekspedition (f)	[ɛkspediˈɕoˀn]

mosqueteiro (m)	musketer (f)	[muskəˈteˀɐ̯]
cardeal (m)	kardinal (f)	[kɑdiˈnæˀl]
heráldica (f)	heraldik (f)	[healˈdik]
heráldico	heraldisk	[heˈʁaldisk]

117. Líder. Chefe. Autoridades

rei (m)	konge (f)	[ˈkʌŋə]
rainha (f)	dronning (f)	[ˈdʁʌnɛŋ]
real	kongelig	[ˈkʌŋəli]
reino (m)	kongerige (i)	[ˈkʌŋəˌʁiːə]

| príncipe (m) | prins (f) | [ˈpʁɛnˀs] |
| princesa (f) | prinsesse (f) | [pʁɛnˈsɛsə] |

presidente (m)	præsident (f)	[pʁɛsiˈdɛnˀt]
vice-presidente (m)	vicepræsident (f)	[ˈviːsə pʁɛsiˈdɛnˀt]
senador (m)	senator (f)	[seˈnæːtʌ]

monarca (m)	monark (f)	[moˈnɑːk]
governante (m)	hersker (f)	[ˈhæɐ̯skʌ]
ditador (m)	diktator (f)	[dikˈtæːtʌ]
tirano (m)	tyran (f)	[tyˈʁanˀ]
magnata (m)	magnat (f)	[mɑwˈnæˀt]

diretor (m)	direktør (f)	[diʁɐkˈtøˀɐ̯]
chefe (m)	chef (f)	[ˈɕɛˀf]
dirigente (m)	forretningsfører (f)	[fʌˈʁatnɛŋsˌføːʌ]
patrão (m)	boss (f)	[ˈbʌs]
dono (m)	ejer (f)	[ˈɑjʌ]

líder, chefe (m)	leder (f)	[ˈleːðʌ]
chefe (~ de delegação)	leder (f)	[ˈleːðʌ]
autoridades (f pl)	myndigheder (f pl)	[ˈmøndiˌheðˀʌ]
superiores (m pl)	overordnede (pl)	[ˈɒwʌˌɒˀdnəðə]

governador (m)	guvernør (f)	[guvʌˈnøˀɐ̯]
cônsul (m)	konsul (f)	[ˈkʌnˌsuˀl]
diplomata (m)	diplomat (f)	[diploˈmæˀt]
Presidente (m) da Câmara	borgmester (f)	[bɒwˈmɛstʌ]
xerife (m)	sherif (f)	[ɕeˈʁif]

imperador (m)	kejser (f)	[ˈkajsʌ]
czar (m)	tsar (f)	[ˈsɑˀ]
faraó (m)	farao (f)	[ˈfɑːʁɑo]
cã (m)	khan (f)	[ˈkæˀn]

118. Viloação da lei. Criminosos. Parte 1

bandido (m)	bandit (f)	[ban'dit]
crime (m)	forbrydelse (f)	[fʌ'bʁyðˀəlsə]
criminoso (m)	forbryder (f)	[fʌ'bʁyðˀʌ]
ladrão (m)	tyv (f)	['tywˀ]
roubar (vt)	at stjæle	[ʌ 'stjɛːlə]
furto, roubo (m)	tyveri (i)	[tywʌ'ʁiˀ]
raptar (ex. ~ uma criança)	at kidnappe	[ʌ 'kid,napə]
rapto (m)	kidnapning (f)	['kid,napneŋ]
raptor (m)	kidnapper (f)	['kid,napʌ]
resgate (m)	løsepenge (pl)	['løːsə,pɛŋə]
pedir resgate	at kræve løsepenge	[ʌ 'kʁɛːvə 'løːsə,pɛŋə]
roubar (vt)	at røve	[ʌ 'ʁœːvə]
assalto, roubo (m)	røveri (i)	[ʁœwʌ'ʁiˀ]
assaltante (m)	røver (f)	['ʁœːvʌ]
extorquir (vt)	at afpresse	[ʌ 'aw,pʁasə]
extorsionário (m)	afpresser (f)	['aw,pʁasʌ]
extorsão (f)	afpresning (f)	['aw,pʁasneŋ]
matar, assassinar (vt)	at myrde	[ʌ 'myɐ̯də]
homicídio (m)	mord (i)	['moˀɐ̯]
homicida, assassino (m)	morder (f)	['moɐ̯dʌ]
tiro (m)	skud (i)	['skuð]
dar um tiro	at skyde	[ʌ 'skyːðə]
matar a tiro	at skyde ned	[ʌ 'skyːðə 'neðˀ]
atirar, disparar (vi)	at skyde	[ʌ 'skyːðə]
tiroteio (m)	skydning (f)	['skyðneŋ]
incidente (m)	hændelse (f)	['hɛnəlsə]
briga (~ de rua)	slagsmål (i)	['slaws,mɔˀl]
Socorro!	Hjælp!	['jɛlˀp]
vítima (f)	offer (i)	['ʌfʌ]
danificar (vt)	at skade	[ʌ 'skæːðə]
dano (m)	skade (f)	['skæːðə]
cadáver (m)	lig (i)	['liˀ]
grave	alvorlig	[al'vɒˀli]
atacar (vt)	at anfalde	[ʌ 'ɒwʌ,falˀə]
bater (espancar)	at slå	[ʌ 'slɔˀ]
espancar (vt)	at tæske, at prygle	[ʌ 'tɛskə], [ʌ 'pʁyːlə]
tirar, roubar (dinheiro)	at berøve	[ʌ be'ʁœˀvə]
esfaquear (vt)	at stikke ihjel	[ʌ 'stekə i'jɛl]
mutilar (vt)	at lemlæste	[ʌ 'lɛm,lɛstə]
ferir (vt)	at såre	[ʌ 'sɒːɒ]
chantagem (f)	afpresning (f)	['aw,pʁasneŋ]
chantagear (vt)	at afpresse	[ʌ 'aw,pʁasə]

chantagista (m)	afpresser (f)	['awˌpʁasʌ]
extorsão	afpresning (f)	['awˌpʁasneŋ]
(em troca de proteção)		
extorsionário (m)	afpresser (f)	['awˌpʁasʌ]
gângster (m)	gangster (f)	['gæːŋstʌ]
máfia (f)	mafia (f)	['mafja]

carteirista (m)	lommetyv (f)	['lʌməˌtywˀ]
assaltante, ladrão (m)	indbrudstyv (f)	['enbʁuðsˌtywˀ]
contrabando (m)	smugleri (i)	[ˌsmuːlʌ'ʁiˀ]
contrabandista (m)	smugler (f)	['smuːlʌ]

falsificação (f)	forfalskning (f)	[fʌ'fal'skneŋ]
falsificar (vt)	at forfalske	[ʌ fʌ'fal'skə]
falsificado	falsk	['fal'sk]

119. Viloação da lei. Criminosos. Parte 2

violação (f)	voldtægt (f)	['vʌlˌtɛgt]
violar (vt)	at voldtage	[ʌ 'vʌlˌtæˀ]
violador (m)	voldtægtsforbryder (f)	['vʌlˌtɛgts fʌ'bʁyðˀʌ]
maníaco (m)	maniker (f)	['manikʌ]

prostituta (f)	prostitueret (f)	[pʁostitu'eˀʌð]
prostituição (f)	prostitution (f)	[pʁostitu'ɕoˀn]
chulo (m)	alfons (f)	[al'fʌŋs]

toxicodependente (m)	narkoman (f)	[nako'mæˀn]
traficante (m)	narkohandler (f)	['naːkoˌhanlʌ]

explodir (vt)	at sprænge	[ʌ 'spʁaŋə]
explosão (f)	eksplosion (f)	[ɛksplo'ɕoˀn]
incendiar (vt)	at sætte ild	[ʌ 'sɛtə ilˀ]
incendiário (m)	brandstifter (f)	['bʁanˌsteftʌ]

terrorismo (m)	terrorisme (f)	[tæɐ̯ɒ'ʁismə]
terrorista (m)	terrorist (f)	[tæɐ̯ɒ'ʁist]
refém (m)	gidsel (i)	['gisəl]

enganar (vt)	at bedrage	[ʌ be'dʁaˀwə]
engano (m)	bedrag (i)	[be'dʁaˀw]
vigarista (m)	bedrager (f)	[be'dʁaˀwʌ]

subornar (vt)	at bestikke	[ʌ be'stekə]
suborno (atividade)	bestikkelse (f)	[be'stekəlsə]
suborno (dinheiro)	bestikkelse (f)	[be'stekəlsə]

veneno (m)	gift (f)	['gift]
envenenar (vt)	at forgifte	[ʌ fʌ'giftə]
envenenar-se (vr)	at forgifte sig selv	[ʌ fʌ'giftə saj 'sɛlˀv]

suicídio (m)	selvmord (i)	['sɛlˌmoˀɐ̯]
suicida (m)	selvmorder (f)	['sɛlˌmoɐ̯dʌ]
ameaçar (vt)	at true	[ʌ 'tʁuːə]

ameaça (f)	trussel (f)	['tʁusəl]
atentar contra a vida de ...	at begå mordforsøg	[ʌ be'gɔˀ 'moʁ̝fʌˌsøˀj]
atentado (m)	mordforsøg (i)	['moʁ̝fʌˌsøˀj]
roubar (o carro)	at stjæle	[ʌ 'stjɛːlə]
desviar (o avião)	at kapre	[ʌ 'kæːpʁʌ]
vingança (f)	hævn (f)	['hɛwˀn]
vingar (vt)	at hævne	[ʌ 'hɛwnə]
torturar (vt)	at torturere	[ʌ tɒtu'ʁɛˀʌ]
tortura (f)	tortur (f)	[tɒ'tuɐ̯ˀ]
atormentar (vt)	at plage	[ʌ 'plæːjə]
pirata (m)	pirat, sørøver (f)	[pi'ʁɑˀt], ['søˌʁœːvʌ]
desordeiro (m)	bølle (f)	['bølə]
armado	bevæbnet	[be'vɛˀbnəð]
violência (f)	vold (f)	['vʌlˀ]
ilegal	illegal, ulovlig	['iləˌgæˀl], [u'lɒwˀli]
espionagem (f)	spionage (f)	[spio'næːɕə]
espionar (vi)	at spionere	[ʌ spio'neˀʌ]

120. Polícia. Lei. Parte 1

justiça (f)	justits, retspleje (f)	[ju'stits], ['ʁadsˌplajə]
tribunal (m)	retssal (f)	['ʁatˌsæˀl]
juiz (m)	dommer (f)	['dʌmʌ]
jurados (m pl)	nævninger (pl)	['nɛwneŋʌ]
tribunal (m) do júri	nævningeting (i)	['nɛwnəŋəteŋˀ]
julgar (vt)	at dømme	[ʌ 'dœmə]
advogado (m)	advokat (f)	[aðvo'kæˀt]
réu (m)	anklagede (f)	['anˌklæˀjəðə]
banco (m) dos réus	anklagebænk (f)	['anˌklæjəˌbɛŋˀk]
acusação (f)	anklage (f)	['anˌklæˀjə]
acusado (m)	den anklagede	[dən 'anˌklæˀjədə]
sentença (f)	dom (f)	['dʌmˀ]
sentenciar (vt)	at dømme	[ʌ 'dœmə]
culpado (m)	skyldige (f)	['skyldiə]
punir (vt)	at straffe	[ʌ 'stʁɑfə]
punição (f)	straf (f), afstraffelse (f)	['stʁɑf], ['awˌstʁɑfəlsə]
multa (f)	bøde (f)	['bøːðə]
prisão (f) perpétua	livsvarigt fængsel (i)	['liwsˌvɑˀigt 'fɛŋˀsəl]
pena (f) de morte	dødsstraf (f)	['døðsˌstʁɑf]
cadeira (f) elétrica	elektrisk stol (f)	[e'lektʁisk 'stoˀl]
forca (f)	galge (f)	['galjə]
executar (vt)	at henrette	[ʌ 'hɛnˌʁatə]
execução (f)	henrettelse (f)	['hɛnˌʁatəlsə]

| prisão (f) | fængsel (i) | ['fɛŋˀsəl] |
| cela (f) de prisão | celle (f) | ['sɛlə] |

escolta (f)	eskorte (f), konvoj (f)	[ɛs'kɒ:tə], [kʌn'vʌjˀ]
guarda (m) prisional	fangevogter (f)	['faŋəˌvʌgtʌ]
preso (m)	fange (f)	['faŋə]

| algemas (f pl) | håndjern (i pl) | ['hʌnˌjæɡˀn] |
| algemar (vt) | at sætte håndjern | [ʌ 'sɛtə 'hʌnˌjæɡˀn] |

fuga, evasão (f)	flugt (f)	['flɔgt]
fugir (vi)	at flygte	[ʌ 'fløgtə]
desaparecer (vi)	at forsvinde	[ʌ fʌ'svenˀə]
soltar, libertar (vt)	at løslade	[ʌ 'løsˌlæ:ðə]
amnistia (f)	amnesti (i, f)	[amnə'stiˀ]

polícia (instituição)	politi (i)	[poli'tiˀ]
polícia (m)	politibetjent (f)	[poli'ti be'tjɛnˀt]
esquadra (f) de polícia	politistation (f)	[poli'ti sta'ɕoˀn]
cassetete (m)	gummiknippel (f)	['gomiˌknepəl]
megafone (m)	megafon (f)	[mega'foˀn]

carro (m) de patrulha	patruljebil (f)	[pa'tʁuljəˌbiˀl]
sirene (f)	sirene (f)	[si'ʁɛ:nə]
ligar a sirene	at tænde for sirenen	[ʌ 'tɛnə fʌ si'ʁɛ:nən]
toque (m) da sirene	sirene hyl (i)	[si'ʁɛ:nə 'hyˀl]

cena (f) do crime	åsted, gerningssted (i)	['ɔˀˌstɛð], ['gæɡnəŋsˌstɛð]
testemunha (f)	vidne (i)	['viðnə]
liberdade (f)	frihed (f)	['fʁiˌheðˀ]
cúmplice (m)	medskyldig (f)	['mɛðˌskyldi]
escapar (vi)	at flygte	[ʌ 'fløgtə]
traço (não deixar ~s)	spor (i)	['spoˀɡ]

121. Polícia. Lei. Parte 2

procura (f)	eftersøgning (f)	['ɛftʌˌsøjneŋ]
procurar (vt)	at eftersøge ...	[ʌ 'ɛftʌˌsøˀjə ...]
suspeita (f)	mistanke (f)	['misˌtaŋkə]
suspeito	mistænkelig	[mis'tɛnˀkəli]
parar (vt)	at standse	[ʌ 'stansə]
deter (vt)	at anholde	[ʌ 'anˌhʌlˀə]

caso (criminal)	sag (f)	['sæˀj]
investigação (f)	efterforskning (f)	['ɛftʌˌfɒ:skneŋ]
detetive (m)	detektiv, opdager (f)	[detek'tiwˀ], ['ʌpˌdæˀjʌ]
investigador (m)	efterforsker (f)	['ɛftʌˌfɒ:skʌ]
versão (f)	version (f)	[væɡ'ɕoˀn]

motivo (m)	motiv (i)	[mo'tiwˀ]
interrogatório (m)	forhør (i)	[fʌ'høˀɡ]
interrogar (vt)	at forhøre	[ʌ fʌ'høˀʌ]
questionar (vt)	at afhøre	[ʌ 'awˌhøˀʌ]
verificação (f)	kontrol (f)	[kɔn'tʁʌlˀ]

batida (f) policial	razzia (f)	['ʁadɕa]
busca (f)	ransagning (f)	['ʁanˌsæjˀneŋ]
perseguição (f)	jagt (f)	['jagt]
perseguir (vt)	at forfølge	[ʌ fʌ'følˀjə]
seguir (vt)	at spore	[ʌ 'spoːʌ]
prisão (f)	arrestation (f)	[aasta'ɕoˀn]
prender (vt)	at arrestere	[ʌ aa'steˀʌ]
pegar, capturar (vt)	at fange	[ʌ 'faŋə]
captura (f)	pågribelse (f)	['pʌˌgʁiˀbəlsə]
documento (m)	dokument (i)	[doku'mɛnˀt]
prova (f)	bevis (i)	[be'viˀs]
provar (vt)	at bevise	[ʌ be'viˀsə]
pegada (f)	fodspor (i)	['foðˌspoˀg̊]
impressões (f pl) digitais	fingeraftryk (i pl)	['feŋˀʌˌawtʁœk]
prova (f)	bevis (i)	[be'viˀs]
álibi (m)	alibi (i)	[ali'biˀ]
inocente	uskyldig	[u'skylˀdi]
injustiça (f)	uretfærdighed (f)	[uʁat'fæg̊ˀdiˌheðˀ]
injusto	uretfærdig	[uʁat'fæg̊ˀdi]
criminal	kriminel	[kʁimi'nɛlˀ]
confiscar (vt)	at konfiskere	[ʌ kʌnfi'skeˀʌ]
droga (f)	narkotikum (i)	[na'koˀtikɔm]
arma (f)	våben (i)	['vɔˀbən]
desarmar (vt)	at afvæbne	[ʌ 'awˌvɛˀbnə]
ordenar (vt)	at befale	[ʌ be'fæˀlə]
desaparecer (vi)	at forsvinde	[ʌ fʌ'svenˀə]
lei (f)	lov (f)	['lɒw]
legal	lovlig	['lɒwli]
ilegal	ulovlig	[u'lɒwˀli]
responsabilidade (f)	ansvar (i)	['anˌsvɑˀ]
responsável	ansvarlig	[an'svɑˀli]

NATUREZA

A Terra. Parte 1

122. Espaço sideral

cosmos (m)	rummet, kosmos (i)	['ʁɔmet], ['kʌsmʌs]
cósmico	rum-	['ʁɔm-]
espaço (m) cósmico	ydre rum (i)	['yðʁʌ ʁɔmˀ]
mundo (m)	verden (f)	['væɐ̯dən]
universo (m)	univers (i)	[uni'væɐ̯s]
galáxia (f)	galakse (f)	[ga'laksə]
estrela (f)	stjerne (f)	['stjæɐ̯nə]
constelação (f)	stjernebillede (i)	['stjæɐ̯nə‚beləðə]
planeta (m)	planet (f)	[pla'neˀt]
satélite (m)	satellit (f)	[satə'lit]
meteorito (m)	meteorit (f)	[meteo'ʁit]
cometa (m)	komet (f)	[ko'meˀt]
asteroide (m)	asteroide (f)	[astəʁo'i:ðə]
órbita (f)	bane (f)	['bæ:nə]
girar (vi)	at rotere	[ʌ ʁo'teˀʌ]
atmosfera (f)	atmosfære (f)	[atmo'sfɛ:ʌ]
Sol (m)	Solen	['so:lən]
Sistema (m) Solar	solsystem (i)	['so:l sy'steˀm]
eclipse (m) solar	solformørkelse (f)	['so:l fʌ'mœɐ̯kəlsə]
Terra (f)	Jorden	['joˀɐ̯ən]
Lua (f)	Månen	['mɔ:nən]
Marte (m)	Mars	['mɑˀs]
Vénus (f)	Venus	['ve:nus]
Júpiter (m)	Jupiter	['jupitʌ]
Saturno (m)	Saturn	['sæ‚tuɐ̯n]
Mercúrio (m)	Merkur	[mæɐ̯'kuɐ̯ˀ]
Urano (m)	Uranus	[u'ʁanus]
Neptuno (m)	Neptun	[nɛp'tuˀn]
Plutão (m)	Pluto	['pluto]
Via Láctea (f)	Mælkevejen	['mɛlkə‚vɑjən]
Ursa Maior (f)	Store Bjørn	['stoɐ̯ ‚bjœɐ̯ˀn]
Estrela Polar (f)	Polarstjernen	[po'lɑ‚stjæɐ̯nən]
marciano (m)	marsboer (f)	['mɑˀs‚boˀʌ]
extraterrestre (m)	ikkejordisk væsen (i)	[‚ekə'joɐ̯disk ‚vɛˀsən]

alienígena (m)	rumvæsen (i)	['ʁɔmˌvɛʔsən]
disco (m) voador	flyvende tallerken (f)	['fly:vənə ta'læɡkən]
nave (f) espacial	rumskib (i)	['ʁɔmˌskiʔb]
estação (f) orbital	rumstation (f)	['ʁɔm staˈɕoʔn]
lançamento (m)	start (f)	['stɑʔt]
motor (m)	motor (f)	['moːtʌ]
bocal (m)	dyse (f)	['dysə]
combustível (m)	brændsel (i)	['bʁanʔsəl]
cabine (f)	cockpit (i)	['kʌkˌpit]
antena (f)	antenne (f)	[an'tɛnə]
vigia (f)	køøje (i)	['koˌʌjə]
bateria (f) solar	solbatteri (i)	['soːlbatʌ'ʁiʔ]
traje (m) espacial	rumdragt (f)	['ʁɔmˌdʁagt]
imponderabilidade (f)	vægtløshed (f)	['vɛgtløːsˌheðʔ]
oxigénio (m)	ilt (f), oxygen (i)	['ilʔt], [ʌgsy'geʔn]
acoplagem (f)	dokning (f)	['dʌknen]
fazer uma acoplagem	at dokke	[ʌ 'dʌkə]
observatório (m)	observatorium (i)	[ʌbsæɡva'toɡʔjɔm]
telescópio (m)	teleskop (i)	[teləˈskoʔp]
observar (vt)	at observere	[ʌ ʌbsæɡˈveʔʌ]
explorar (vt)	at udforske	[ʌ 'uðˌfɔːskə]

123. A Terra

Terra (f)	Jorden	[ˈjoʔɡən]
globo terrestre (Terra)	jordklode (f)	[ˈjoɡˌkloːðə]
planeta (m)	planet (f)	[plaˈneʔt]
atmosfera (f)	atmosfære (f)	[atmoˈsfɛːʌ]
geografia (f)	geografi (f)	[geogʁɑˈfiʔ]
natureza (f)	natur (f)	[naˈtuɡʔ]
globo (mapa esférico)	globus (f)	[ˈgloːbus]
mapa (m)	kort (i)	[ˈkɒːt]
atlas (m)	atlas (i)	[ˈatlas]
Europa (f)	Europa	[œwˈʁoːpa]
Ásia (f)	Asien	[ˈæʔɕən]
África (f)	Afrika	[ˈɑfʁika]
Austrália (f)	Australien	[awˈstʁɑʔljən]
América (f)	Amerika	[ɑˈmeʁika]
América (f) do Norte	Nordamerika	[ˈnoɡ ɑˈmeʁika]
América (f) do Sul	Sydamerika	[ˈsyð ɑˈmeʁika]
Antártida (f)	Antarktis	[anˈtɑʔktis]
Ártico (m)	Arktis	[ˈɑʔktis]

124. Pontos cardeais

norte (m)	nord (i)	['noˀɐ̯]
para norte	mod nord	[moð 'noˀɐ̯]
no norte	i nord	[i 'noˀɐ̯]
do norte	nordlig	['noɐ̯li]

sul (m)	syd (f)	['syð]
para sul	mod syd	[moð 'syð]
no sul	i syd	[i 'syð]
do sul	sydlig	['syðli]

oeste, ocidente (m)	vest (f)	['vɛst]
para oeste	mod vest	[moð 'vɛst]
no oeste	i vest	[i 'vɛst]
ocidental	vestlig	['vɛstli]

leste, oriente (m)	øst (f)	['øst]
para leste	mod øst	[moð 'øst]
no leste	i øst	[i 'øst]
oriental	østlig	['østli]

125. Mar. Oceano

mar (m)	hav (i)	['hɑw]
oceano (m)	ocean (i)	[osə'æˀn]
golfo (m)	bugt (f)	['bɔgt]
estreito (m)	stræde (i), sund (i)	['stʁɛːðə], ['sɔnˀ]

terra (f) firme	land (i)	['lanˀ]
continente (m)	fastland, kontinent (i)	['fastˌlanˀ], [kʌnti'nɛnˀt]
ilha (f)	ø (f)	['øˀ]
península (f)	halvø (f)	['halˌøˀ]
arquipélago (m)	øhav, arkipelag (i)	['øˌhɑw], [ɑkipe'læˀj]

baía (f)	bugt (f)	['bɔgt]
porto (m)	havn (f)	['hɑwˀn]
lagoa (f)	lagune (f)	[la'guːnə]
cabo (m)	kap (i)	['kɑp]

atol (m)	atol (f)	[a'tʌlˀ]
recife (m)	rev (i)	['ʁɛw]
coral (m)	koral (f)	[ko'ʁalˀ]
recife (m) de coral	koralrev (i)	[ko'ʁalˌʁɛw]

profundo	dyb	['dyˀb]
profundidade (f)	dybde (f)	['dybdə]
abismo (m)	afgrund (f), dyb (i)	['awˌgʁɔnˀ], ['dyˀb]
fossa (f) oceânica	oceangrav (f)	[osəˌæn 'gʁɑˀw]

corrente (f)	strøm (f)	['stʁœmˀ]
banhar (vt)	at omgive	[ʌ 'ʌmˌgiˀ]
litoral (m)	kyst (f)	['køst]

costa (f)	kyst (f)	[ˈkøst]
maré (f) alta	flod (f)	[ˈfloˀð]
refluxo (m), maré (f) baixa	ebbe (i)	[ˈɛbə]
restinga (f)	sandbanke (f)	[ˈsanˌbaŋkə]
fundo (m)	bund (f)	[ˈbɔnˀ]
onda (f)	bølge (f)	[ˈbøljə]
crista (f) da onda	bølgekam (f)	[ˈbøljəˌkamˀ]
espuma (f)	skum (i)	[ˈskɔmˀ]
tempestade (f)	storm (f)	[ˈstɒˀm]
furacão (m)	orkan (f)	[ɒˈkæˀn]
tsunami (m)	tsunami (f)	[tsuˈnɑːmi]
calmaria (f)	stille (i)	[ˈstelə]
calmo	stille	[ˈstelə]
polo (m)	pol (f)	[ˈpoˀl]
polar	polar-	[poˈlɑ-]
latitude (f)	bredde (f)	[ˈbʁɛˀdə]
longitude (f)	længde (f)	[ˈlɛŋˀdə]
paralela (f)	breddegrad (f)	[ˈbʁɛˀdəˌɡʁɑˀð]
equador (m)	ækvator (f)	[ɛˈkvæːtʌ]
céu (m)	himmel (f)	[ˈhemə l]
horizonte (m)	horisont (f)	[hɒiˈsʌnˀt]
ar (m)	luft (f)	[ˈlɔft]
farol (m)	fyr (i)	[ˈfyɐ̯ˀ]
mergulhar (vi)	at dykke	[ʌ ˈdøkə]
afundar-se (vr)	at synke	[ʌ ˈsøŋkə]
tesouros (m pl)	skatte (f pl)	[ˈskatə]

126. Nomes de Mares e Oceanos

Oceano (m) Atlântico	Atlanterhavet	[atˈlanˀtʌˌhæˀvəð]
Oceano (m) Índico	Det Indiske Ocean	[de ˈenˀdiskə oseˈæˀn]
Oceano (m) Pacífico	Stillehavet	[ˈsteləˌhæˀvəð]
Oceano (m) Ártico	Polarhavet	[poˈlɑˌhæˀvəð]
Mar (m) Negro	Sortehavet	[ˈsoɐ̯təˌhæˀvəð]
Mar (m) Vermelho	Rødehavet	[ˈʁœːðəˌhæˀvəð]
Mar (m) Amarelo	Det Gule hav	[de ˈɡulə ˈhɑw]
Mar (m) Branco	Hvidehavet	[ˈviːðəˌhæˀvəð]
Mar (m) Cáspio	Det Kaspiske Hav	[de ˈkaspiːskə ˈhɑw]
Mar (m) Morto	Dødehavet	[ˈdøːðəˌhæˀvəð]
Mar (m) Mediterrâneo	Middelhavet	[ˈmiðəlˌhæˀvəð]
Mar (m) Egeu	Ægæerhavet	[ɛˈɡɛˀɛʌ ˈhæˀvəð]
Mar (m) Adriático	Adriaterhavet	[æˀdʁiˈæˀtʌ ˈhæˀvəð]
Mar (m) Arábico	Arabiahavet	[ɑˈʁɑˀbia ˈhæˀvəð]
Mar (m) do Japão	Det Japanske Hav	[de jaˈpæˀnskə ˈhɑw]

| Mar (m) de Bering | Beringshavet | [ˈbeːʁeŋsˌhæˀveð] |
| Mar (m) da China Meridional | Det Sydkinesiske Hav | [de ˈsyðkiˌneːsiskə ˈhɑw] |

Mar (m) de Coral	Koralhavet	[koˈʁalˌhæˀveð]
Mar (m) de Tasman	Det Tasmanske hav	[de tasˈmanskə ˈhɑw]
Mar (m) do Caribe	Det Caribiske Hav	[de kɑˈʁibiskə ˌhɑw]

| Mar (m) de Barents | Barentshavet | [ˈbɑːæntsˌhæˀveð] |
| Mar (m) de Kara | Karahavet | [ˈkɑɑˌhæˀveð] |

Mar (m) do Norte	Nordsøen	[ˈnoɐ̯ˌsøˀən]
Mar (m) Báltico	Østersøen	[ˈøstʌˌsøˀən]
Mar (m) da Noruega	Norskehavet	[ˈnɔːskəˌhæˀveð]

127. Montanhas

montanha (f)	bjerg (i)	[ˈbjæɡ̊ˀw]
cordilheira (f)	bjergkæde (f)	[ˈbjæɡ̊wˌkɛːðə]
serra (f)	bjergryg (f)	[ˈbjæɡ̊wˌʁœg]

cume (m)	top (f), bjergtop (f)	[ˈtʌp], [ˈbjæɡ̊wˌtʌp]
pico (m)	tinde (f)	[ˈtenə]
sopé (m)	fod (f)	[ˈfoˀð]
declive (m)	skråning (f)	[ˈskʁɔˀneŋ]

vulcão (m)	vulkan (f)	[vulˈkæˀn]
vulcão (m) ativo	aktiv vulkan (f)	[ˈɑkˌtiwˀ vulˈkæˀn]
vulcão (m) extinto	udslukt vulkan (f)	[ˈuðˌslɔkt vulˈkæˀn]

erupção (f)	udbrud (i)	[ˈuðˌbʁuð]
cratera (f)	krater (f)	[ˈkʁɑˀtʌ]
magma (m)	magma (i, f)	[ˈmɑwma]
lava (f)	lava (f)	[ˈlæːva]
fundido (lava ~a)	glødende	[ˈgløːðənə]

desfiladeiro (m)	canyon (f)	[ˈkanjʌn]
garganta (f)	kløft (f)	[ˈkløft]
fenda (f)	revne (f)	[ˈʁawnə]
precipício (m)	afgrund (f)	[ˈɑwˌgʁɔnˀ]

passo, colo (m)	pas (i)	[ˈpas]
planalto (m)	plateau (i)	[plaˈto]
falésia (f)	klippe (f)	[ˈklepə]
colina (f)	bakke (f)	[ˈbakə]

glaciar (m)	gletsjer (f)	[ˈglɛtɕʌ]
queda (f) d'água	vandfald (i)	[ˈvanˌfalˀ]
géiser (m)	gejser (f)	[ˈgajˀsʌ]
lago (m)	sø (f)	[ˈsøˀ]

planície (f)	slette (f)	[ˈslɛtə]
paisagem (f)	landskab (i)	[ˈlanˌskæˀb]
eco (m)	ekko (i)	[ˈɛko]
alpinista (m)	alpinist (f)	[alpiˈnist]

escalador (m)	bjergbestiger (f)	['bjæɐ̯wbe'sti'ʔə]
conquistar (vt)	at erobre	[ʌ e'ʁoʔbʁʌ]
subida, escalada (f)	bestigning (f)	[be'stiʔneŋ]

128. Nomes de montanhas

Alpes (m pl)	Alperne	['alpɒnə]
monte Branco (m)	Mont Blanc	[ˌmɒn'blʌn]
Pirineus (m pl)	Pyrenæerne	[pyɐ̯ʔnɛːɐ̯nə]
Cárpatos (m pl)	Karpaterne	[kɑː'pætɒnə]
montes (m pl) Urais	Uralbjergene	[uːˈʁæʔl 'bjæɐ̯ʔwənə]
Cáucaso (m)	Kaukasus	['kaukasus]
Elbrus (m)	Elbrus	[ɛl'bʁuːs]
Altai (m)	Altaj	[al'tɑj]
Tian Shan (m)	Tien-Shan	[ti'enˌɕæn]
Pamir (m)	Pamir	[pæ'miɐ̯ʔ]
Himalaias (m pl)	Himalaya	[hima'lɑja]
monte (m) Everest	Everest	['ɛːvʁɛst]
Cordilheira (f) dos Andes	Andesbjergene	['anəs 'bjæɐ̯ʔwənə]
Kilimanjaro (m)	Kilimanjaro	[kiliman'dʒaʁoː]

129. Rios

rio (m)	flod (f)	['floʔð]
fonte, nascente (f)	kilde (f)	['kilə]
leito (m) do rio	flodseng (f)	['floðˌsɛŋʔ]
bacia (f)	flodbassin (i)	['floð ba'sɛŋ]
desaguar no ...	at munde ud ...	[ʌ 'mɔnə uðʔ ...]
afluente (m)	biflod (f)	['biˌfloʔð]
margem (do rio)	bred (f)	['bʁɛðʔ]
corrente (f)	strøm (f)	['stʁœmʔ]
rio abaixo	nedstrøms	['neðˌstʁœmʔs]
rio acima	opstrøms	['ʌpˌstʁœmʔs]
inundação (f)	oversvømmelse (f)	['ɒwʌˌsvœmʔəlsə]
cheia (f)	flom (f)	['flʌmʔ]
transbordar (vi)	at flyde over	[ʌ 'flyːðə 'ɒwʔʌ]
inundar (vt)	at oversvømme	[ʌ 'ɒwʌˌsvœmʔə]
banco (m) de areia	grund (f)	['gʁɔnʔ]
rápidos (m pl)	strømfald (i)	['stʁœmˌfalʔ]
barragem (f)	dæmning (f)	['dɛmneŋ]
canal (m)	kanal (f)	[ka'næʔl]
reservatório (m) de água	reservoir (i)	[ʁɛsæɐ̯voˈɑː]
eclusa (f)	sluse (f)	['sluːsə]
corpo (m) de água	vandområde (i)	['van 'ʌmˌʁɔːðə]

pântano (m)	sump, mose (f)	['sɔmˀp], ['moːsə]
tremedal (m)	hængesæk (f)	['hɛŋəˌsɛk]
remoinho (m)	strømhvirvel (f)	['stʁœmˌviɐ̯ˀwəl]
arroio, regato (m)	bæk (f)	['bɛk]
potável	drikke-	['dʁɛkə-]
doce (água)	ferske	['fæɐ̯skə]
gelo (m)	is (f)	['iˀs]
congelar-se (vr)	at fryse til	[ʌ 'fʁyːsə tel]

130. Nomes de rios

rio Sena (m)	Seinen	['sɛːnən]
rio Loire (m)	Loire	[luˈɒːʁ]
rio Tamisa (m)	Themsen	['tɛmsən]
rio Reno (m)	Rhinen	['ʁiːnən]
rio Danúbio (m)	Donau	[dɔˈnɑu]
rio Volga (m)	Volga	['vɔlga]
rio Don (m)	Don	['dɔn]
rio Lena (m)	Lena	['leːna]
rio Amarelo (m)	Huang He	[huˌɑŋˈheː]
rio Yangtzé (m)	Yangtze	['jɑŋtsə]
rio Mekong (m)	Mekong	[meˈkɒŋ]
rio Ganges (m)	Ganges	['gɑːŋəs]
rio Nilo (m)	Nilen	['niːlən]
rio Congo (m)	Congo	['kʌngo]
rio Cubango (m)	Okavango	[ɔkaˈvɑngo]
rio Zambeze (m)	Zambezi	[sɑmˈbɛsi]
rio Limpopo (m)	Limpopo	[liːmpopo]
rio Mississípi (m)	Mississippi	['misisiːpi]

131. Floresta

floresta (f), bosque (m)	skov (f)	['skɒwˀ]
florestal	skov-	['skɒw-]
mata (f) cerrada	tæt skov (f)	['tɛt ˌskɒwˀ]
arvoredo (m)	lund (f)	['lɔnˀ]
clareira (f)	lysning (f)	['lysneŋ]
matagal (m)	tæt krat (i)	['tɛt 'kʁɑt]
mato (m)	buskads (i)	[buˈskæˀs]
vereda (f)	sti (f)	['stiˀ]
ravina (f)	ravine (f)	[ʁɑˈviːnə]
árvore (f)	træ (i)	['tʁɛˀ]
folha (f)	blad (i)	['blað]

folhagem (f)	løv (i)	['lø²w]
queda (f) das folhas	løvfald (i)	['løw‚fal²]
cair (vi)	at falde	[ʌ 'falə]
topo (m)	trætop (f)	['tʁɛ‚tʌp]

ramo (m)	kvist (f)	['kvest]
galho (m)	gren (f)	['gʁɛ²n]
botão, rebento (m)	knop (f)	['knɔp]
agulha (f)	nål (f)	['nɔ²l]
pinha (f)	kogle (f)	['kɒwlə]

buraco (m) de árvore	træhul (i)	['tʁɛ‚hɔl]
ninho (m)	rede (f)	['ʁɛːðə]
toca (f)	hule (f)	['huːlə]

tronco (m)	stamme (f)	['stɑmə]
raiz (f)	rod (f)	['ʁo²ð]
casca (f) de árvore	bark (f)	['bɑːk]
musgo (m)	mos (i)	['mɔs]

arrancar pela raiz	at rykke op med rode	[ʌ 'ʁœkə ʌp mɛ 'ʁoːðə]
cortar (vt)	at fælde	[ʌ 'fɛlə]
desflorestar (vt)	at hugge ned	[ʌ 'hɔgə 'neð²]
toco, cepo (m)	træstub (f)	['tʁɛ‚stub]

fogueira (f)	bål (i)	['bɔ²l]
incêndio (m) florestal	skovbrand (f)	['skɒw‚bʁɑn²]
apagar (vt)	at slukke	[ʌ 'slɔkə]

guarda-florestal (m)	skovløber (f)	['skɒw‚løːbʌ]
proteção (f)	værn (i), beskyttelse (f)	['væɐ̯²n], [be'skøtəlsə]
proteger (a natureza)	at beskytte	[ʌ be'skøtə]
caçador (m) furtivo	krybskytte (f)	['kʁyb‚skøtə]
armadilha (f)	saks (f), fælde (f)	['sɑks], ['fɛlə]

| colher (cogumelos, bagas) | at plukke | [ʌ 'plɔkə] |
| perder-se (vr) | at fare vild | [ʌ 'fɑːɑ 'vil²] |

132. Recursos naturais

recursos (m pl) naturais	naturressourcer (f pl)	[na'tuɐ̯ ʁɛ'suɐ̯sʌ]
minerais (m pl)	mineraler (i pl)	[minə'ʁɑ²lʌ]
depósitos (m pl)	forekomster (f pl)	['fɒːɒ‚kʌm²stʌ]
jazida (f)	felt (i)	['fɛl²t]

extrair (vt)	at udvinde	[ʌ 'uð‚venʔə]
extração (f)	udvinding (f)	['uð‚venen]
minério (m)	malm (f)	['mal²m]
mina (f)	mine (f)	['miːnə]
poço (m) de mina	mineskakt (f)	['minə‚skakt]
mineiro (m)	minearbejder (f)	['miːnəˈɑː‚baj²dʌ]

| gás (m) | gas (f) | ['gas] |
| gasoduto (m) | gasledning (f) | ['gas‚leðnen] |

petróleo (m)	olie (f)	['oljə]
oleoduto (m)	olieledning (f)	['oljə‚leðnen]
poço (m) de petróleo	oliebrønd (f)	['oljə‚bʁœnˀ]
torre (f) petrolífera	boretårn (i)	['boːʌ‚tɒˀn]
petroleiro (m)	tankskib (i)	['tɑŋk‚skiˀb]

areia (f)	sand (i)	['sanˀ]
calcário (m)	kalksten (f)	['kalk‚steˀn]
cascalho (m)	grus (i)	['gʁuˀs]
turfa (f)	tørv (f)	['tœɐ̯ˀw]
argila (f)	ler (i)	['leˀɐ̯]
carvão (m)	kul (i)	['kɔl]

ferro (m)	jern (i)	['jæɐ̯ˀn]
ouro (m)	guld (i)	['gul]
prata (f)	sølv (i)	['søl]
níquel (m)	nikkel (i)	['nekəl]
cobre (m)	kobber (i)	['kɒwˀʌ]

zinco (m)	zink (i, f)	['senˀk]
manganês (m)	mangan (i)	[mɑŋ'gæˀn]
mercúrio (m)	kviksølv (i)	['kvik‚søl]
chumbo (m)	bly (i)	['blyˀ]

mineral (m)	mineral (i)	[minə'ʁɑˀl]
cristal (m)	krystal (i, f)	[kʁy'stalˀ]
mármore (m)	marmor (i)	['mɑˀmoɐ̯]
urânio (m)	uran (i, f)	[u'ʁɑˀn]

A Terra. Parte 2

133. Tempo

tempo (m)	vejr (i)	['vɛˀɐ̞]
previsão (f) do tempo	vejrudsigt (f)	['vɛɐ̞ˌuðsegt]
temperatura (f)	temperatur (f)	[tɛmpʁɑ'tuɐ̞ˀ]
termómetro (m)	termometer (i)	[tæɐ̞mo'meˀtʌ]
barómetro (m)	barometer (i)	[bɑo'meˀtʌ]
húmido	fugtig	['fɔgti]
humidade (f)	fugtighed (f)	['fɔgtiˌheðˀ]
calor (m)	hede (f)	['heːðə]
cálido	hed	['heðˀ]
está muito calor	det er hedt	[de 'æɐ̞ 'heðˀ]
está calor	det er varmt	[de 'æɐ̞ 'vɑˀmt]
quente	varm	['vɑˀm]
está frio	det er koldt	[de 'æɐ̞ 'kʌlt]
frio	kold	['kʌlˀ]
sol (m)	sol (f)	['soˀl]
brilhar (vi)	at skinne	[ʌ 'skenə]
de sol, ensolarado	solrig	['soːlˌʁiˀ]
nascer (vi)	at stå op	[ʌ stɔˀ 'ʌp]
pôr-se (vr)	at gå ned	[ʌ gɔˀ 'neðˀ]
nuvem (f)	sky (f)	['skyˀ]
nublado	skyet	['skyːəð]
nuvem (f) preta	regnsky (f)	['ʁajnˌskyˀ]
escuro, cinzento	mørk	['mœɐ̞k]
chuva (f)	regn (f)	['ʁajˀn]
está a chover	det regner	[de 'ʁajnʌ]
chuvoso	regnvejrs-	['ʁajnˌvɛɐ̞s-]
chuviscar (vi)	at småregne	[ʌ 'smɒʁajnə]
chuva (f) torrencial	øsende regn (f)	['øːsənə ˌʁajˀn]
chuvada (f)	styrtregn (f)	['styɐ̞tˌʁajˀn]
forte (chuva)	kraftig, heftig	['kʁɑfti], ['hɛfti]
poça (f)	vandpyt (f)	['vanˌpyt]
molhar-se (vr)	at blive våd	[ʌ 'bliːə 'vɔˀð]
nevoeiro (m)	tåge (f)	['tɔːwə]
de nevoeiro	tåget	['tɔːwəð]
neve (f)	sne (f)	['sneˀ]
está a nevar	det sner	[de 'sneˀʌ]

134. Tempo extremo. Catástrofes naturais

trovoada (f)	tordenvejr (i)	['toɐ̯dən‚vɛˀɐ̯]
relâmpago (m)	lyn (i)	['lyˀn]
relampejar (vi)	at glimte	[ʌ 'glemtə]
trovão (m)	torden (f)	['toɐ̯dən]
trovejar (vi)	at tordne	[ʌ 'toɐ̯dnə]
está a trovejar	det tordner	[de 'toɐ̯dnʌ]
granizo (m)	hagl (i)	['hɑwˀl]
está a cair granizo	det hagler	[de 'hɑwlɐ̯]
inundar (vt)	at oversvømme	[ʌ 'ɒwʌ‚svœmˀə]
inundação (f)	oversvømmelse (f)	['ɒwʌ‚svœmˀəlsə]
terremoto (m)	jordskælv (i)	['joɐ̯‚skɛlˀv]
abalo, tremor (m)	skælv (i)	['skɛlˀv]
epicentro (m)	epicenter (i)	[epi'sɛnˀtʌ]
erupção (f)	udbrud (i)	['uð‚bʁuð]
lava (f)	lava (f)	['læːva]
turbilhão (m)	skypumpe (f)	['sky‚pompə]
tornado (m)	tornado (f)	[tɒ'næːdo]
tufão (m)	tyfon (f)	[ty'foˀn]
furacão (m)	orkan (f)	[ɒ'kæˀn]
tempestade (f)	storm (f)	['stɒˀm]
tsunami (m)	tsunami (f)	[tsu'nɑːmi]
ciclone (m)	cyklon (f)	[sy'kloˀn]
mau tempo (m)	uvejr (i)	['u‚vɛˀɐ̯]
incêndio (m)	brand (f)	['bʁɑnˀ]
catástrofe (f)	katastrofe (f)	[kata'stʁoːfə]
meteorito (m)	meteorit (f)	[meteo'ʁit]
avalanche (f)	lavine (f)	[la'viːnə]
deslizamento (m) de neve	sneskred (i)	['sne‚skʁɛð]
nevasca (f)	snefog (i)	['sne‚fɔwˀ]
tempestade (f) de neve	snestorm (f)	['sne‚stɒˀm]

Fauna

135. Mamíferos. Predadores

predador (m)	rovdyr (i)	['ʁɒwˌdyɐ̯ˀ]
tigre (m)	tiger (f)	['tiːʌ]
leão (m)	løve (f)	['løːvə]
lobo (m)	ulv (f)	['ulˀv]
raposa (f)	ræv (f)	['ʁɛˀw]
jaguar (m)	jaguar (f)	[jaguˈɑˀ]
leopardo (m)	leopard (f)	[leoˈpɑˀd]
chita (f)	gepard (f)	[geˈpɑˀd]
pantera (f)	panter (f)	['panˀtʌ]
puma (m)	puma (f)	['puːma]
leopardo-das-neves (m)	sneleopard (f)	['sne leoˈpɑˀd]
lince (m)	los (f)	['lʌs]
coiote (m)	coyote, prærieulv (f)	[koˈjoːtə], ['pʁɛɐ̯jəˌulˀv]
chacal (m)	sjakal (f)	[ɕaˈkæˀl]
hiena (f)	hyæne (f)	[hyˈɛːnə]

136. Animais selvagens

animal (m)	dyr (i)	['dyɐ̯ˀ]
besta (f)	bæst (i), udyr (i)	['bɛˀst], ['uˌdyɐ̯ˀ]
esquilo (m)	egern (i)	['eˀjʌn]
ouriço (m)	pindsvin (i)	['penˌsviˀn]
lebre (f)	hare (f)	['hɑːa]
coelho (m)	kanin (f)	[kaˈniˀn]
texugo (m)	grævling (f)	['gʁawleŋ]
guaxinim (m)	vaskebjørn (f)	['vaskəˌbjœɐ̯ˀn]
hamster (m)	hamster (f)	['hɑmˀstʌ]
marmota (f)	murmeldyr (i)	['muɐ̯ˀməlˌdyɐ̯ˀ]
toupeira (f)	muldvarp (f)	['mulˌvɑːp]
rato (m)	mus (f)	['muˀs]
ratazana (f)	rotte (f)	['ʁʌtə]
morcego (m)	flagermus (f)	['flawʌˌmuˀs]
arminho (m)	hermelin (f)	[hæɐ̯məˈliˀn]
zibelina (f)	zobel (f)	['soˀbəl]
marta (f)	mår (f)	['mɒˀ]
doninha (f)	brud (f)	['bʁuð]
vison (m)	mink (f)	['meŋˀk]

| castor (m) | bæver (f) | [ˈbɛʔvʌ] |
| lontra (f) | odder (f) | [ˈʌðʔʌ] |

cavalo (m)	hest (f)	[ˈhɛst]
alce (m)	elg (f)	[ˈɛlʔj]
veado (m)	hjort (f)	[ˈjɔːt]
camelo (m)	kamel (f)	[kaˈmeʔl]

bisão (m)	bison (f)	[ˈbisʌn]
auroque (m)	urokse (f)	[ˈuʁˌʌksə]
búfalo (m)	bøffel (f)	[ˈbøfəl]

zebra (f)	zebra (f)	[ˈseːbʁɑ]
antílope (m)	antilope (f)	[antiˈloːpe]
corça (f)	rådyr (i), rå (f)	[ˈʁʌˌdyɡ̊ʔ], [ˈʁɔʔ]
gamo (m)	dådyr (i)	[ˈdʌˌdyɡ̊ʔ]
camurça (f)	gemse (f)	[ˈgɛmsə]
javali (m)	vildsvin (i)	[ˈvilˌsviʔn]

baleia (f)	hval (f)	[ˈvæʔl]
foca (f)	sæl (f)	[ˈsɛʔl]
morsa (f)	hvalros (f)	[ˈvalˌʁʌs]
urso-marinho (m)	pelssæl (f)	[ˈpɛlsˌsɛʔl]
golfinho (m)	delfin (f)	[dɛlˈfiʔn]

urso (m)	bjørn (f)	[ˈbjœɡ̊ʔn]
urso (m) branco	isbjørn (f)	[ˈisˌbjœɡ̊ʔn]
panda (m)	panda (f)	[ˈpanda]

macaco (em geral)	abe (f)	[ˈæːbə]
chimpanzé (m)	chimpanse (f)	[ɕimˈpansə]
orangotango (m)	orangutang (f)	[oˈʁɑŋguˌtɑŋʔ]
gorila (m)	gorilla (f)	[goˈʁila]
macaco (m)	makak (f)	[mæˈkɑk]
gibão (m)	gibbon (f)	[ˈgibʌn]

elefante (m)	elefant (f)	[eləˈfanʔt]
rinoceronte (m)	næsehorn (i)	[ˈnɛːsəˌhoɡ̊ʔn]
girafa (f)	giraf (f)	[giˈʁaf]
hipopótamo (m)	flodhest (f)	[ˈfloðˌhɛst]

| canguru (m) | kænguru (f) | [kɛŋguːʁu] |
| coala (m) | koala (f) | [koˈæːla] |

mangusto (m)	mangust (f)	[mɑŋˈgust]
chinchila (m)	chinchilla (f)	[tjenˈtjila]
doninha-fedorenta (f)	skunk (f)	[ˈskɔŋʔk]
porco-espinho (m)	hulepindsvin (i)	[ˈhuːlə ˈpenˌsviʔn]

137. Animais domésticos

gata (f)	kat (f)	[ˈkat]
gato (m) macho	hankat (f)	[ˈhanˌkat]
cão (m)	hund (f)	[ˈhunʔ]

cavalo (m)	hest (f)	['hɛst]
garanhão (m)	hingst (f)	['heŋˀst]
égua (f)	hoppe (f)	['hʌpə]
vaca (f)	ko (f)	['koˀ]
touro (m)	tyr (f)	['tyɐ̯ˀ]
boi (m)	okse (f)	['ʌksə]
ovelha (f)	får (i)	['fɑː]
carneiro (m)	vædder (f)	['vɛðˀʌ]
cabra (f)	ged (f)	['geðˀ]
bode (m)	gedebuk (f)	['geːðə‚bɔk]
burro (m)	æsel (i)	['ɛˀsəl]
mula (f)	muldyr (i)	['mul‚dyɐ̯ˀ]
porco (m)	svin (i)	['sviˀn]
leitão (m)	gris (f)	['gʁiˀs]
coelho (m)	kanin (f)	[ka'niˀn]
galinha (f)	høne (f)	['hœːnə]
galo (m)	hane (f)	['hæːnə]
pata (f)	and (f)	['anˀ]
pato (macho)	andrik (f)	['anˀdʁɛk]
ganso (m)	gås (f)	['gɔˀs]
peru (m)	kalkun hane (f)	[kal'kuˀn 'hæːnə]
perua (f)	kalkun (f)	[kal'kuˀn]
animais (m pl) domésticos	husdyr (i pl)	['hus‚dyɐ̯ˀ]
domesticado	tam	['tɑmˀ]
domesticar (vt)	at tæmme	[ʌ 'tɛmə]
criar (vt)	at avle, at opdrætte	[ʌ 'awlə], [ʌ 'ʌp‚dʁatə]
quinta (f)	farm (f)	['fɑˀm]
aves (f pl) domésticas	fjerkræ (i)	['fjeɐ̯‚kʁɛˀ]
gado (m)	kvæg (i)	['kvɛˀj]
rebanho (m), manada (f)	hjord (f)	['jɒˀd]
estábulo (m)	stald (f)	['stalˀ]
pocilga (f)	svinesti (f)	['svinə‚stiˀ]
estábulo (m)	kostald (f)	['ko‚stalˀ]
coelheira (f)	kaninbur (i)	[ka'nin‚buɐ̯ˀ]
galinheiro (m)	hønsehus (i)	['hœnsə‚huˀs]

138. Pássaros

pássaro (m), ave (f)	fugl (f)	['fuˀl]
pombo (m)	due (f)	['duːə]
pardal (m)	spurv (f)	['spuɐ̯ˀw]
chapim-real (m)	musvit (f)	[mu'svit]
pega-rabuda (f)	skade (f)	['skæːðə]
corvo (m)	ravn (f)	['ʁawˀn]

gralha (f) cinzenta	krage (f)	['kʁɑːwə]
gralha-de-nuca-cinzenta (f)	kaie (f)	['kajə]
gralha-calva (f)	råge (f)	['ʁɔːwə]
pato (m)	and (f)	['anˀ]
ganso (m)	gås (f)	['gɔˀs]
faisão (m)	fasan (f)	[faˈsæˀn]
águia (f)	ørn (f)	['œʁˀn]
açor (m)	høg (f)	['høˀj]
falcão (m)	falk (f)	['falˀk]
abutre (m)	grib (f)	['gʁiːb]
condor (m)	kondor (f)	[kʌnˈdoˀʁ]
cisne (m)	svane (f)	['svæːnə]
grou (m)	trane (f)	['tʁɑːnə]
cegonha (f)	stork (f)	['stɒːk]
papagaio (m)	papegøje (f)	[pɑpəˈgʌjə]
beija-flor (m)	kolibri (f)	[koliˈbʁiˀ]
pavão (m)	påfugl (f)	['pʌˌfuˀl]
avestruz (m)	struds (f)	['stʁus]
garça (f)	hejre (f)	['hajʁʌ]
flamingo (m)	flamingo (f)	[flaˈmeŋgo]
pelicano (m)	pelikan (f)	[peliˈkæˀn]
rouxinol (m)	nattergal (f)	['natʌˌgæˀl]
andorinha (f)	svale (f)	['svæːlə]
tordo-zornal (m)	drossel, sjagger (f)	['dʁʌsəl], ['ɕagʌ]
tordo-músico (m)	sangdrossel (f)	['saŋˌdʁʌsəl]
melro-preto (m)	solsort (f)	['soːlˌsoɐ̯t]
andorinhão (m)	mursejler (f)	['muɐ̯ˌsajlʌ]
cotovia (f)	lærke (f)	['læɐ̯kə]
codorna (f)	vagtel (f)	['vagtəl]
pica-pau (m)	spætte (f)	['spɛtə]
cuco (m)	gøg (f)	['gøˀj]
coruja (f)	ugle (f)	['uːlə]
corujão, bufo (m)	hornugle (f)	['hoɐ̯nˌuːlə]
tetraz-grande (m)	tjur (f)	['tjuɐ̯ˀ]
tetraz-lira (m)	urfugl (f)	['uɐ̯ˌfuˀl]
perdiz-cinzenta (f)	agerhøne (f)	['æˀjʌˌhœːnə]
estorninho (m)	stær (f)	['stɛˀɐ̯]
canário (m)	kanariefugl (f)	[kaˈnɑˀjəˌfuˀl]
galinha-do-mato (f)	hjerpe, jærpe (f)	['jæɐ̯pə]
tentilhão (m)	bogfinke (f)	['bɔwˌfeŋkə]
dom-fafe (m)	dompap (f)	['dɔmˌpap]
gaivota (f)	måge (f)	['mɔːwə]
albatroz (m)	albatros (f)	['albaˌtʁʌs]
pinguim (m)	pingvin (f)	[peŋˈviˀn]

139. Peixes. Animais marinhos

brema (f)	brasen (f)	['bʁɑˀsən]
carpa (f)	karpe (f)	['kɑːpə]
perca (f)	aborre (f)	['ɑˌbɒːɒ]
siluro (m)	malle (f)	['malə]
lúcio (m)	gedde (f)	['geðə]

salmão (m)	laks (f)	['lɑks]
esturjão (m)	stør (f)	['støˀɐ̯]

arenque (m)	sild (f)	['silˀ]
salmão (m)	atlantisk laks (f)	[atˈlanˀtisk 'lɑks]
cavala, sarda (f)	makrel (f)	[mɑˈkʁalˀ]
solha (f)	rødspætte (f)	[ˈʁœðˌspɛtə]

lúcio perca (m)	sandart (f)	[ˈsanˌɑˀt]
bacalhau (m)	torsk (f)	['tɒːsk]
atum (m)	tunfisk (f)	['tuːnˌfesk]
truta (f)	ørred (f)	[ˈœɐ̯ʌð]

enguia (f)	ål (f)	['ɔˀl]
raia elétrica (f)	elektrisk rokke (f)	[eˈlɛktʁisk 'ʁʌkə]
moreia (f)	muræne (f)	[muˈʁɛːnə]
piranha (f)	piraya (f)	[piˈʁɑja]

tubarão (m)	haj (f)	['hɑjˀ]
golfinho (m)	delfin (f)	[dɛlˈfiˀn]
baleia (f)	hval (f)	['væˀl]

caranguejo (m)	krabbe (f)	[ˈkʁabə]
medusa, alforreca (f)	gople, meduse (f)	[ˈgʌplə], [meˈduːsə]
polvo (m)	blæksprutte (f)	[ˈblɛkˌspʁutə]

estrela-do-mar (f)	søstjerne (f)	[ˈsøˌstjæɐ̯nə]
ouriço-do-mar (m)	søpindsvin (i)	[ˈsø ˈpenˌsviˀn]
cavalo-marinho (m)	søhest (f)	[ˈsøˌhɛst]

ostra (f)	østers (f)	[ˈøstʌs]
camarão (m)	reje (f)	[ˈʁɑjə]
lavagante (m)	hummer (f)	[ˈhɔmˀʌ]
lagosta (f)	languster (f)	[lɑŋˈgustʌ]

140. Anfíbios. Répteis

serpente, cobra (f)	slange (f)	[ˈslɑŋə]
venenoso	giftig	[ˈgifti]

víbora (f)	hugorm (f)	[ˈhɔgˌɒɐ̯ˀm]
cobra-capelo, naja (f)	kobra (f)	[ˈkoːbʁɑ]
pitão (m)	python (f)	[ˈpytʌn]
jiboia (f)	boa (f)	[ˈboːa]
cobra-de-água (f)	snog (f)	[ˈsnoˀ]

cascavel (f)	klapperslange (f)	['klɑpʌˌslɑŋə]
anaconda (f)	anakonda (f)	[anaˈkʌnda]
lagarto (m)	firben (i)	[ˈfiɡ̊ˈbeʔn]
iguana (f)	leguan (f)	[leguˈæʔn]
varano (m)	varan (f)	[vɑˈʁɑˀn]
salamandra (f)	salamander (f)	[salaˈmanˀdʌ]
camaleão (m)	kamæleon (f)	[kaməleˈoʔn]
escorpião (m)	skorpion (f)	[skɒpiˈoʔn]
tartaruga (f)	skildpadde (f)	[ˈskelˌpaðə]
rã (f)	frø (f)	[ˈfʁœˀ]
sapo (m)	tudse (f)	[ˈtusə]
crocodilo (m)	krokodille (f)	[kʁokəˈdilə]

141. Insetos

inseto (m)	insekt (i)	[enˈsɛkt]
borboleta (f)	sommerfugl (f)	[ˈsʌmʌˌfuʔl]
formiga (f)	myre (f)	[ˈmyːʌ]
mosca (f)	flue (f)	[ˈfluːə]
mosquito (m)	stikmyg (f)	[ˈstekˌmyg]
escaravelho (m)	bille (f)	[ˈbilə]
vespa (f)	hveps (f)	[ˈvɛps]
abelha (f)	bi (f)	[ˈbiʔ]
mamangava (f)	humlebi (f)	[ˈhɔmləˌbiʔ]
moscardo (m)	bremse (f)	[ˈbʁamsə]
aranha (f)	edderkop (f)	[ˈɛðˀʌˌkʌp]
teia (f) de aranha	edderkoppespind (i)	[ˈɛðˀʌkʌpəˌsbenˀ]
libélula (f)	guldsmed (f)	[ˈgulˌsmeð]
gafanhoto-do-campo (m)	græshoppe (f)	[ˈgʁasˌhʌpə]
traça (f)	natsværmer (f)	[ˈnatˌsvæɡ̊ˀmʌ]
barata (f)	kakerlak (f)	[kɑkʌˈlɑk]
carraça (f)	flåt, mide (f)	[ˈflɔˀt], [ˈmiːðə]
pulga (f)	loppe (f)	[ˈlʌpə]
borrachudo (m)	kvægmyg (f)	[ˈkvɛjˌmyg]
gafanhoto (m)	vandregræshoppe (f)	[ˈvandʁʌ ˈgʁasˌhʌpə]
caracol (m)	snegl (f)	[ˈsnɑjʔl]
grilo (m)	fårekylling (f)	[ˈfɒːɒˌkyleŋ]
pirilampo (m)	ildflue (f)	[ˈilfluːə]
joaninha (f)	mariehøne (f)	[mɑˈʁiʔəˌhœːnə]
besouro (m)	oldenborre (f)	[ˈʌlənˌbɒːɒ]
sanguessuga (f)	igle (f)	[ˈiːlə]
lagarta (f)	sommerfuglelarve (f)	[ˈsʌmʌˌfuːlə ˈlɑːvə]
minhoca (f)	regnorm (f)	[ˈʁɑjnˌoɡ̊ˀm]
larva (f)	larve (f)	[ˈlɑːvə]

Flora

142. Árvores

árvore (f)	træ (i)	['tʁɛˀ]
decídua	løv-	['løw-]
conífera	nåle-	['nɔlə-]
perene	stedsegrønt, eviggrønt	['stɛðsə̞ˌgʁœnˀt], ['eːviˌgʁœnˀt]
macieira (f)	æbletræ (i)	['ɛˀbləˌtʁɛˀ]
pereira (f)	pæretræ (i)	['pɛʌˌtʁɛˀ]
cerejeira (f)	moreltræ (i)	[mo'ʁalˌtʁɛˀ]
ginjeira (f)	kirsebærtræ (i)	['kiɐ̯səbæɐ̯ˌtʁɛˀ]
ameixeira (f)	blommetræ (i)	['blʌməˌtʁɛˀ]
bétula (f)	birk (f)	['biɐ̯k]
carvalho (m)	eg (f)	['eˀj]
tília (f)	lind (f)	['lenˀ]
choupo-tremedor (m)	asp (f)	['asp]
bordo (m)	løn (f), ahorn (f)	['lœnˀ], ['aˌho̞ˀn]
espruce-europeu (m)	gran (f)	['gʁan]
pinheiro (m)	fyr (f)	['fyɐ̯ˀ]
alerce, lariço (m)	lærk (f)	['læɐ̯k]
abeto (m)	ædelgran (f)	['ɛˀðəlˌgʁan]
cedro (m)	ceder (f)	['seːðʌ]
choupo, álamo (m)	poppel (f)	['pʌpəl]
tramazeira (f)	røn (f)	['ʁœnˀ]
salgueiro (m)	pil (f)	['piˀl]
amieiro (m)	el (f)	['ɛl]
faia (f)	bøg (f)	['bøˀj]
ulmeiro (m)	elm (f)	['ɛlˀm]
freixo (m)	ask (f)	['ask]
castanheiro (m)	kastanie (i)	[ka'stanjə]
magnólia (f)	magnolie (f)	[mɑw'noˀljə]
palmeira (f)	palme (f)	['palmə]
cipreste (m)	cypres (f)	[sy'pʁas]
mangue (m)	mangrove (f)	[mɑŋ'gʁoːvə]
embondeiro, baobá (m)	baobabtræ (i)	[bɑo'babˌtʁɛˀ]
eucalipto (m)	eukalyptus (f)	[œwka'lyptus]
sequoia (f)	sequoia (f), rødtræ (i)	[sek'wojə], ['ʁœðˌtʁɛˀ]

143. Arbustos

arbusto (m)	busk (f)	['busk]
arbusto (m), moita (f)	buskads (i)	[bu'skæˀs]

| videira (f) | vinranke (f) | ['vi:nˌʁɑŋkə] |
| vinhedo (m) | vingård (f) | ['vi:nˌgɒˀ] |

framboeseira (f)	hindbærbusk (f)	['henbæɡˌbusk]
groselheira-preta (f)	solbærbusk (f)	['soːlbæɡˌbusk]
groselheira-vermelha (f)	ribsbusk (f)	['ʁɛbsˌbusk]
groselheira (f) espinhosa	stikkelsbær (i)	['stekəlsˌbæɡ]

acácia (f)	akacie (f)	[aˈkæˀɕə]
bérberis (f)	berberis (f)	['bæɡˀbʌʁis]
jasmim (m)	jasmin (f)	[ɕasˈmiˀn]

junípero (m)	ene (f)	['eːnə]
roseira (f)	rosenbusk (f)	['ʁoːsənˌbusk]
roseira (f) brava	Hunde-Rose (f)	['hunə-'ʁoːsə]

144. Frutos. Bagas

fruta (f)	frugt (f)	['fʁɔgt]
frutas (f pl)	frugter (f pl)	['fʁɔgtʌ]
maçã (f)	æble (i)	['ɛˀblə]
pera (f)	pære (f)	['pɛˀʌ]
ameixa (f)	blomme (f)	['blʌmə]

morango (m)	jordbær (i)	['joɡˌbæɡ]
ginja (f)	kirsebær (i)	['kiɡsəˌbæɡ]
cereja (f)	morel (f)	[moˈʁalˀ]
uva (f)	drue (f)	['dʁuːə]

framboesa (f)	hindbær (i)	['henˌbæɡ]
groselha (f) preta	solbær (i)	['soːlˌbæɡ]
groselha (f) vermelha	ribs (i, f)	['ʁɛbs]
groselha (f) espinhosa	stikkelsbær (i)	['stekəlsˌbæɡ]
oxicoco (m)	tranebær (i)	['tʁɑːnəˌbæɡ]

laranja (f)	appelsin (f)	[ɑpəlˈsiˀn]
tangerina (f)	mandarin (f)	[mɑndɑˈʁiˀn]
ananás (m)	ananas (f)	['ananas]

| banana (f) | banan (f) | [baˈnæˀn] |
| tâmara (f) | daddel (f) | ['dɑðˀəl] |

limão (m)	citron (f)	[siˈtʁoˀn]
damasco (m)	abrikos (f)	[ɑbʁiˈkoˀs]
pêssego (m)	fersken (f)	['fæɡskən]

| kiwi (m) | kiwi (f) | ['kiːvi] |
| toranja (f) | grapefrugt (f) | ['gʁɛjpˌfʁɔgt] |

baga (f)	bær (i)	['bæɡ]
bagas (f pl)	bær (i pl)	['bæɡ]
arando (m) vermelho	tyttebær (i)	['tytəˌbæɡ]
morango-silvestre (m)	skovjordbær (i)	['skɒw ˈjoɡˌbæɡ]
mirtilo (m)	blåbær (i)	['blɔˀˌbæɡ]

145. Flores. Plantas

flor (f)	blomst (f)	['blʌm'st]
ramo (m) de flores	buket (f)	[bu'kɛt]
rosa (f)	rose (f)	['ʁo:sə]
tulipa (f)	tulipan (f)	[tuli'pæ'n]
cravo (m)	nellike (f)	['nel'ekə]
gladíolo (m)	gladiolus (f)	[gladi'o:lus]
centáurea (f)	kornblomst (f)	['koɐ̯nˌblʌm'st]
campânula (f)	blåklokke (f)	['blʌˌklʌkə]
dente-de-leão (m)	mælkebøtte, løvetand (f)	['mɛlkəˌbøtə], ['lø:vəˌtan']
camomila (f)	kamille (f)	[ka'milə]
aloé (m)	aloe (f)	['æ'loˌe']
cato (m)	kaktus (f)	['kaktus]
fícus (m)	ficus, stuebirk (f)	['fikus], ['stu:əˌbiɐ̯k]
lírio (m)	lilje (f)	['liljə]
gerânio (m)	geranie (f)	[ge'ʁɑ'njə]
jacinto (m)	hyacint (f)	[hya'sen't]
mimosa (f)	mimose (f)	[mi'mo:sə]
narciso (m)	narcis (f)	[nɑ'si:s]
capuchinha (f)	blomsterkarse (f)	['blʌm'stʌˌkɑ:sə]
orquídea (f)	orkide, orkidé (f)	[ɒki'de']
peónia (f)	pæon (f)	[pɛ'o'n]
violeta (f)	viol (f)	[vi'o'l]
amor-perfeito (m)	stedmoderblomst (f)	['stɛmoɐ̯ ˌblʌm'st]
não-me-esqueças (m)	forglemmigej (f)	[fʌ'glɛm'mɑˌɑj']
margarida (f)	tusindfryd (f)	['tusənˌfʁyð']
papoula (f)	valmue (f)	['valˌmu:ə]
cânhamo (m)	hamp (f)	['hɑm'p]
hortelã (f)	mynte (f)	['møntə]
lírio-do-vale (m)	liljekonval (f)	['liljə kɔn'val']
campânula-branca (f)	vintergæk (f)	['ventʌˌgɛk]
urtiga (f)	nælde (f)	['nɛlə]
azeda (f)	syre (f)	['sy:ʌ]
nenúfar (m)	åkande, nøkkerose (f)	['ɔ'kanə], ['nøkəˌʁo:sə]
feto (m), samambaia (f)	bregne (f)	['bʁɑjnə]
líquen (m)	lav (f)	['lɑw]
estufa (f)	drivhus (i)	['dʁiwˌhu's]
relvado (m)	græsplæne (f)	['gʁasˌplɛ:nə]
canteiro (m) de flores	blomsterbed (i)	['blʌm'stʌˌbəð]
planta (f)	plante (f)	['plantə]
erva (f)	græs (i)	['gʁas]
folha (f) de erva	græsstrå (i)	['gʁasˌstʁɔ']

folha (f)	blad (i)	['blað]
pétala (f)	kronblad (i)	['krɔnˌblað]
talo (m)	stilk (f)	['stelˀk]
tubérculo (m)	rodknold (f)	['ʁoðˌknʌlˀ]
broto, rebento (m)	spire (f)	['spiːʌ]
espinho (m)	torn (f)	['toɐˀn]
florescer (vi)	at blomstre	[ʌ 'blʌmstʁʌ]
murchar (vi)	at visne	[ʌ 'vesnə]
cheiro (m)	lugt (f)	['lɔgt]
cortar (flores)	at skære af	[ʌ 'skɛːʌ 'æˀ]
colher (uma flor)	at plukke	[ʌ 'plɔkə]

146. Cereais, grãos

grão (m)	korn (i)	['koɐˀn]
cereais (plantas)	kornsorter (f pl)	['koɐnˌsɒːtʌ]
espiga (f)	aks (i)	['ɑks]
trigo (m)	hvede (f)	['veːðə]
centeio (m)	rug (f)	['ʁuˀ]
aveia (f)	havre (f)	['hɑwʁʌ]
milho-miúdo (m)	hirse (f)	['hiɐ̯sə]
cevada (f)	byg (f)	['byg]
milho (m)	majs (f)	['mɑjˀs]
arroz (m)	ris (f)	['ʁiˀs]
trigo-sarraceno (m)	boghvede (f)	['bɔwˌveːðə]
ervilha (f)	ært (f)	['æɐˀt]
feijão (m)	bønne (f)	['bœnə]
soja (f)	soja (f)	['sʌja]
lentilha (f)	linse (f)	['lensə]
fava (f)	bønner (f pl)	['bœnʌ]

PAÍSES. NACIONALIDADES

147. Europa Ocidental

Europa (f)	Europa	[œw'ʁoːpa]
União (f) Europeia	Den Europæiske Union	[dən œwʁo'pɛˀiskə uni'oˀn]
Áustria (f)	Østrig	['østʁi]
Grã-Bretanha (f)	Storbritannien	['stoɐ̯ bʁiˌtaniən]
Inglaterra (f)	England	['ɛŋˀlan]
Bélgica (f)	Belgien	['bɛlˀgjən]
Alemanha (f)	Tyskland	['tysklanˀ]
Países (m pl) Baixos	Nederlandene	['neːðʌˌlɛnnə]
Holanda (f)	Holland	['hʌlanˀ]
Grécia (f)	Grækenland	['gʁɛːkənlanˀ]
Dinamarca (f)	Danmark	['dænmɑk]
Irlanda (f)	Irland	['iɐ̯lanˀ]
Islândia (f)	Island	['islanˀ]
Espanha (f)	Spanien	['spæˀnjən]
Itália (f)	Italien	[i'tæljən]
Chipre (m)	Cypern	['kypɒn]
Malta (f)	Malta	['malta]
Noruega (f)	Norge	['nɒːw]
Portugal (m)	Portugal	['pɒːtugəl]
Finlândia (f)	Finland	['fenlan]
França (f)	Frankrig	['fʁɑŋkʁi]
Suécia (f)	Sverige	['svɛʁiˀ]
Suíça (f)	Schweiz	['svɑjts]
Escócia (f)	Skotland	['skɒtlanˀ]
Vaticano (m)	Vatikanstaten	['vateˌkæːn 'stæˀtən]
Liechtenstein (m)	Liechtenstein	['liːktənʃtɑjn]
Luxemburgo (m)	Luxembourg	['lygsəmˌbɒː]
Mónaco (m)	Monaco	[mo'nɑko]

148. Europa Central e de Leste

Albânia (f)	Albanien	[al'bæˀnjən]
Bulgária (f)	Bulgarien	[bul'gɑːiən]
Hungria (f)	Ungarn	['ɔŋgɑˀn]
Letónia (f)	Letland	['lɛtlanˀ]
Lituânia (f)	Litauen	['liˌtɑwˀən]
Polónia (f)	Polen	['poːlæn]

Roménia (f)	Rumænien	[ʁu'mɛʔnjən]
Sérvia (f)	Serbien	['sæɡ̊ʔbiən]
Eslováquia (f)	Slovakiet	[slova'ki:əð]

Croácia (f)	Kroatien	[kʁo'æʔtiən]
República (f) Checa	Tjekkiet	['tjɛˌkiəð]
Estónia (f)	Estland	['ɛstlan]

Bósnia e Herzegovina (f)	Bosnien-Herzegovina	['bɔsniən hæɡ̊səgoʔvi:na]
Macedónia (f)	Makedonien	[makə'do:njən]
Eslovénia (f)	Slovenien	[slo've:njən]
Montenegro (m)	Montenegro	['mɒntəˌnɛgʁə]

149. Países da ex-URSS

| Azerbaijão (m) | Aserbajdsjan | [asæɡ̊baj'djæʔn] |
| Arménia (f) | Armenien | [a'meʔnjən] |

Bielorrússia (f)	Hviderusland	['vi:ðəˌʁuslanʔ]
Geórgia (f)	Georgien	[ge'ɒʔgjən]
Cazaquistão (m)	Kasakhstan	[ka'sakˌstan]
Quirguistão (m)	Kirgisistan	[kiɡ̊'gisiˌstan]
Moldávia (f)	Moldova	[mʌl'doʔva]

| Rússia (f) | Rusland | ['ʁuslanʔ] |
| Ucrânia (f) | Ukraine | [ukʁa'iʔnə] |

Tajiquistão (m)	Tadsjikistan	[ta'dɕikiˌstan]
Turquemenistão (m)	Turkmenistan	[tuɡ̊k'meʔniˌstan]
Uzbequistão (f)	Usbekistan	[us'bekiˌstan]

150. Asia

Ásia (f)	Asien	['æʔɕən]
Vietname (m)	Vietnam	['vjɛtnɑm]
Índia (f)	Indien	['əndjən]
Israel (m)	Israel	[isʁa:əl]

China (f)	Kina	['ki:na]
Líbano (m)	Libanon	['li:banɒn]
Mongólia (f)	Mongoliet	[mʌŋgo'liəð]

| Malásia (f) | Malaysia | [ma'lajɕiʌ] |
| Paquistão (m) | Pakistan | ['pakiˌstan] |

Arábia (f) Saudita	Saudi-Arabien	['sawdi a'ʁa:bjən]
Tailândia (f)	Thailand	['tajlɛnʔ]
Taiwan (m)	Taiwan	['tajˌvæʔn]
Turquia (f)	Tyrkiet	[tyɡ̊ki:əð]
Japão (m)	Japan	['ja:pæn]
Afeganistão (m)	Afghanistan	[aw'gæʔniˌstan]
Bangladesh (m)	Bangladesh	[bangla'dɛɕ]

| Indonésia (f) | Indonesien | [endo'ne:cən] |
| Jordânia (f) | Jordan | ['joʁdan] |

| Iraque (m) | Irak | ['iʁak] |
| Irão (m) | Iran | ['iʁan] |

| Camboja (f) | Cambodja | [kæ:m'boðə] |
| Kuwait (m) | Kuwait | [ku'vajt] |

Laos (m)	Laos	['læ:ɒs]
Myanmar (m), Birmânia (f)	Myanmar	[mjanmę]
Nepal (m)	Nepal	['nepal']
Emirados Árabes Unidos	Forenede Arabiske Emirater	[fʌ'enəðə a'ʁa'biskə emi'ʁa'tʌ]

| Síria (f) | Syrien | ['syʁiən] |
| Palestina (f) | Palæstina | [palə'stinɛnə] |

| Coreia do Sul (f) | Sydkorea | ['syð ko'ʁɛ:a] |
| Coreia do Norte (f) | Nordkorea | ['noę ko'ʁɛ:a] |

151. América do Norte

Estados Unidos da América	De Forenede Stater	[di fʌ'enəðə 'stæ'tʌ]
Canadá (m)	Canada	['kanæ'da]
México (m)	Mexiko	['mɛksiko]

152. América Central do Sul

Argentina (f)	Argentina	[agɛn'ti'na]
Brasil (m)	Brasilien	[bʁa'siljən]
Colômbia (f)	Colombia	[ko'lɔmbja]

| Cuba (f) | Cuba | ['ku:ba] |
| Chile (m) | Chile (i) | ['tji:lə] |

| Bolívia (f) | Bolivia | [bo'livia] |
| Venezuela (f) | Venezuela | [venəsu'e:la] |

| Paraguai (m) | Paraguay | [pa:ag'wʌj] |
| Peru (m) | Peru | [pe'ʁu:] |

Suriname (m)	Surinam	['suʁi,nam]
Uruguai (m)	Uruguay	[uʁug'waj]
Equador (m)	Ecuador	[ekwa'do'ę]

| Bahamas (f pl) | Bahamas | [ba'ha'mas] |
| Haiti (m) | Haiti | [haiti:] |

República (f) Dominicana	Dominikanske Republik	[domini'kæ:nskə ʁɛpu'blik]
Panamá (m)	Panama	['panamə]
Jamaica (f)	Jamaica	[ɕa'majka]

143

153. Africa

Egito (m)	Egypten	[ɛ'gyptən]
Marrocos	Marokko	[mɑ'roko]
Tunísia (f)	Tunis	['tuːnis]
Gana (f)	Ghana	['ganə]
Zanzibar (m)	Zanzibar	['saːnsibɑː]
Quénia (f)	Kenya	['kɛnja]
Líbia (f)	Libyen	['liːbjən]
Madagáscar (m)	Madagaskar	[madaˈgæska]
Namíbia (f)	Namibia	[naˈmibia]
Senegal (m)	Senegal	[seːnəgæːl]
Tanzânia (f)	Tanzania	['tansaˌniæ]
África do Sul (f)	Sydafrika	['syð ˌafʁika]

154. Austrália. Oceania

Austrália (f)	Australien	[aw'stʁaˀljən]
Nova Zelândia (f)	New Zealand	[njuːˈsiːlanˀ]
Tasmânia (f)	Tasmanien	[tasˈmaniːən]
Polinésia Francesa (f)	Fransk Polynesien	['fʁɑnˀsk polyˈneˀɕən]

155. Cidades

Amesterdão	Amsterdam	['amstɒˌdam]
Ancara	Ankara	['ankaˀʁa]
Atenas	Athen	[aˈtiːn]
Bagdade	Bagdad	['bawdað]
Banguecoque	Bangkok	['baŋkɒk]
Barcelona	Barcelona	[basəˈloːnæ]
Beirute	Beirut	['bæiˀˌʁut]
Berlim	Berlin	[bæɐ̯ˈliˀn]
Bombaim	Bombay	['bɔmbəj]
Bona	Bonn	['bɔn]
Bordéus	Bordeaux	['boˀdoˀ]
Bratislava	Bratislava	[bʁatiˈslæːvə]
Bruxelas	Bruxelles	['bʁysɛl]
Bucareste	Bukarest	['bɔkaːast]
Budapeste	Budapest	['budapɛst]
Cairo	Cairo	['kajʁo]
Calcutá	Calcutta	[kælˈkʌta]
Chicago	Chicago	[ɕiˈkaːgo]
Cidade do México	Mexico City	['mɛgsiko 'siti]
Copenhaga	København	['købənˌhawˀn]
Dar es Salaam	Dar es-Salaam	['daːɛs saˌlaˀm]

Deli	Delhi	[dɛ'li]
Dubai	Dubai	['dubɑj]
Dublin, Dublim	Dublin	['dɒblin]
Düsseldorf	Düsseldorf	['dʉsəl̩dɒːf]
Estocolmo	Stockholm	['stɒkhɒlm]
Florença	Firenze	[fi'ʁansə]
Frankfurt	Frankfurt	['fʁɑŋkfuɒt]
Genebra	Geneve	[ɕe'nɛːvə]
Haia	Haag	['hæˀj]
Hamburgo	Hamburg	['hæːmbœːg]
Hanói	Hanoi	['hanɒj]
Havana	Havanna	[hæ'vana]
Helsínquia	Helsingfors	['hɛlsen̩ˌfɒːs]
Hiroshima	Hiroshima	[hiʁo'ɕiːma]
Hong Kong	Hongkong	['hʌŋˌkɒŋ]
Istambul	Istanbul	['istanbul]
Jerusalém	Jerusalem	[je'ʁusalɛm]
Kiev	Kijev	['kijəw]
Kuala Lumpur	Kuala Lumpur	[ku'ala lɔm'puɒ]
Lisboa	Lissabon	['lisabɒn]
Londres	London	['lɔnˌdɔn]
Los Angeles	Los Angeles	[ˌlɒs'æŋʒələs]
Lion	Lyon	[li'ɔŋ]
Madrid	Madrid	[ma'dʁið]
Marselha	Marseille	[mɑː'sɛj]
Miami	Miami	[mʌ'ɛmi]
Montreal	Montreal	[mɒŋtʁeel]
Moscovo	Moskva	[mo'skvɛ]
Munique	München	['mʉnɕən]
Nairóbi	Nairobi	[nɑj'ʁoːbi]
Nápoles	Neapel	[nə'apəl]
Nice	Nice	['niːs]
Nova York	New York	[njuː'jɒːk]
Oslo	Oslo	['oslu]
Ottawa	Ottawa	['ɔːtəwə]
Paris	Paris	[pɑ'ʁiːs]
Pequim	Beijing	['bɛjdʒiŋ]
Praga	Prag	['pʁɑːw]
Rio de Janeiro	Rio de Janeiro	['ʁiːo de ʒa'neːjʁo]
Roma	Rom	['ʁoˀm]
São Petersburgo	Sankt Petersborg	[ˌsɑŋt 'peˀtʌsbɐ̩]
Seul	Seoul	[sœ'uːl]
Singapura	Singapore	['seŋgapɒː]
Sydney	Sydney	['sidni]
Taipé	Taipei	['tajpæj]
Tóquio	Tokyo	['tokjo]
Toronto	Toronto	[toˀɐ̩nto]
Varsóvia	Warszawa	[wɑ'ɕæːva]

Veneza	**Venedig**	[ve'neːdiˀ]
Viena	**Wien**	['viˀn]
Washington	**Washington**	['wɒɕenʈɒn]
Xangai	**Shanghai**	['ɕɑŋhɑj]

www.ingramcontent.com/pod-product-compliance
Lightning Source LLC
Chambersburg PA
CBHW070554050426
42450CB00011B/2864